À Slaoui,

notre teckel à poils longs noir et feu.
Tu le reconnaîtras au fil des pages.
Nous le remercions pour sa collaboration
et sa compréhension.

Combien de fois avons-nous dû écourter
ses promenades et faire la sourde oreille
à ses invitations au jeu ? Mais ne t'inquiète pas ;
à la dernière page de cet ouvrage,
Slaoui reste notre meilleur copain !

Coordination : Valérie TRACQUI
Avec la collaboration de Stéphane FRATTINI
Conception graphique et maquette : Lydia CHATRY
Photogravure : Graphocoop 47 Agen

Loi 49.956 du 16.07.1949
Dépôt légal : 4e trimestre 2000
ISBN : 2.7459.0016.1

Imprimé en Espagne

Serge et Dominique Simon

Copain des Chiens

comprendre et éduquer ton fidèle ami

Illustrations
Sophie Toussaint, Nathaële Vogel

Infographie
Lydia Chatry, Roland Chesnel

MILAN

Posséder un chien, c'est la chance que tu as, ou bien c'est un rêve que tu réaliseras un jour ? De toute façon, tu sais que c'est une responsabilité, car tu veux un chien heureux et en pleine forme. L'essentiel est d'apprendre à le respecter en lui donnant la place qu'il mérite. Ce livre répond clairement à toutes tes questions : quelle race choisir ? Comment le nourrir, le soigner, l'éduquer, voyager avec lui ?

Mais cet ouvrage n'est pas seulement un guide pratique, il va aussi te faire pénétrer dans le monde canin. Du plus rare au plus courant, plus de 150 chiens se sont ici donné rendez-vous pour dévoiler leur histoire et leurs performances. Ils peuvent être drôles ou surprenants, mais ce qui t'attire aussi chez les chiens, c'est leur intelligence, leur faculté d'apprentissage et leur dévouement envers les hommes. Tu vas découvrir dans ton *Copain des chiens* le travail des chiens d'avalanche ou de sauvetage en mer, celui des chiens-guides d'aveugle, des chiens de chasse ou de berger.

Des chiens, on en côtoie de plus en plus, une famille sur trois en possède un. Toi qui adores les animaux, tu trouveras ici renseignements, anecdotes, informations, conseils, illustrés par plus de 500 photos. Ce livre n'a qu'une ambition : t'aider à devenir un vrai copain des chiens.

Sommaire

10 Avoir un chien

12 Pour la vie
14 Quelle race choisir ?
16 Où le trouver ?
18 Les papiers du chiot
20 Pour mieux le comprendre
24 Pour mieux le choisir
29 Autres tests amusants

30 Éduquer ton chien

32 La place du chien dans ta maison
34 Lui apprendre la propreté
37 Des sorties « à la carte »
38 Lui apprendre la solitude
40 Premières leçons
42 Devenir un chien civilisé
44 « Assis, couché »
46 « Pas bouger ! »
48 La leçon : consignes à respecter
50 Punition - Récompense
52 Ton chien et les visiteurs
54 Chien inconnu : mode d'emploi

58 Soigner ton chien

60 Bien nourrir son chien
64 Les promenades, c'est bon pour la santé
66 La toilette : un plaisir pour toi et pour lui
68 Hygiène au quotidien
70 Les vaccinations
72 Soins à domicile
74 Les pièges de la campagne
78 La reproduction

82 Voyager avec ton chien

84 En voiture…
86 En vacances
90 Halte, frontière !
92 Sur l'eau, en l'air ou sur les rails
94 Partir sans lui
96 Tatoue ton toutou

98 Au service de l'homme

100 Chiens de sauvetage en mer
104 Chien truffier
106 Chien détecteur de drogue et d'explosifs
108 Chien de catastrophe
112 Chien de pistage
114 Chien de berger
118 Chien d'assistance
122 Chien-guide d'aveugle
124 Chien d'avalanche

128 Les métiers autour du chien

130 Vétérinaire
131 Toiletteur
132 Éleveur
133 Dresseur et maître-chien
134 Les nouveaux métiers

136 Le chien et les loisirs

138 L'agility
140 Les courses de lévriers
144 La poursuite à vue sur leurre
146 La chasse
150 Les courses de traîneaux
154 En faire un champion

158 Les races de chiens

160 Le barzoï et les lévriers d'Asie
164 Le basset-hound et les bassets
168 Le berger allemand et les bergers belges
172 Le berger des Pyrénées et les autres chiens spécialistes des Pyrénées
176 Le bichon et les autres aristochiens à bichonner
180 Le boxer et les bouledogues
184 Le braque de Weimar et la famille des braques
190 Le briard et les autres bergers de plaine
194 Le caniche
198 Le cocker spaniel, spaniels de chasse et de compagnie
202 Le colley, la famille des collies et le bobtail
206 Le dobermann, le pinscher et le schnauzer
208 Le dogue allemand et les autres dogues
214 L'épagneul breton et les autres épagneuls de nos provinces
218 Le fox-terrier et les autres terriers
222 Le husky et les seigneurs du Grand Nord
228 Le labrador et les retrievers
232 Le lévrier de l'Azawakh et les lévriers du pourtour méditerranéen
238 Le saint-bernard et les autres géants des montagnes
244 Le setter irlandais et les autres setters
248 Le teckel
254 Le yorkshire-terrier et les autres terriers de compagnie

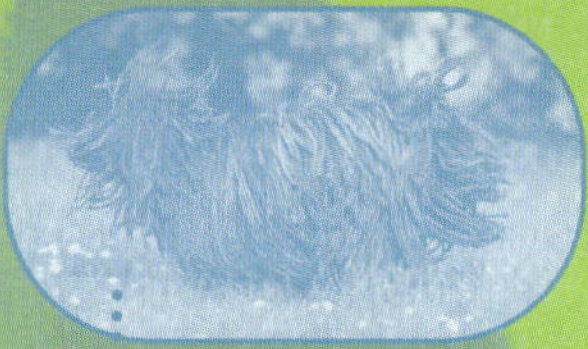

260 Les drôles de chiens

262 Le chihuahua
263 L'irish wolfhound
264 Le greyhound
266 Le dalmatien
268 Des chiens tout nus
269 Le shar-pei
270 Le komondor
272 Le bedlington-terrier
273 Le mastiff
274 Le lundehund
276 Le rhodesian ridgeback
277 Le chow-chow

278 Catalogue des chiens

280 1er groupe : chiens de berger et de bouvier (sauf chiens de bouvier suisses)
283 2e groupe : chiens de type pinscher et schnauzer, molossoïdes et chiens de bouvier suisses
285 3e groupe : terriers
286 4e groupe : teckels
287 5e groupe : chiens de type spitz et de type primitif
288 6e groupe : chiens courants et chiens de recherche au sang
290 7e groupe : chiens d'arrêt
292 8e groupe : chiens leveurs de gibier, rapporteurs et chiens d'eau
293 9e groupe : chiens d'agrément ou de compagnie
294 10e groupe : lévriers et races apparentées

296 Adresses utiles

298 Index

Avoir

Tu aimerais bien avoir un chien, rien qu'à toi. Mais as-tu bien réfléchi à tous les inconvénients que représente son arrivée dans ta famille ? Un chiot, c'est un petit être vivant. Comme un bébé, il naît avec des papiers d'identité mais aussi des défauts et parfois un caractère difficile à comprendre. Pour t'aider à bien choisir ton nouveau copain, voici quelques conseils...

un chien

Pour la vie

Acquérir un chiot, voilà une grande décision à prendre pour toi et ta famille. Mais pas question de céder à un coup de foudre, encore moins à un caprice. Inutile de pleurer devant le regard implorant d'une boule de poils exposée dans une vitrine. Un animal n'est pas une « poupée qui respire » et que l'on jette quand on ne l'aime plus.

Bien réfléchir

150 000 chiens sont abandonnés chaque année en France : il y a de quoi hurler de colère ! Alors, même si tu as très envie d'un compagnon à quatre pattes, réfléchis bien à quoi tu t'engages. Un chien vit en moyenne 12 ans : pourras-tu toujours t'occuper de lui ? L'aimer pour le meilleur et pour le pire, même quand il veut sortir au moment où tu aimerais regarder la télévision ou qu'il saute avec ses pattes boueuses sur ta grand-mère qui n'apprécie pas du tout.

Quel coût ?

Ce n'est peut-être pas toi qui paies mais tu dois aussi savoir qu'un chien coûte de l'argent. Entre 2 000 et 4 000 F à l'achat selon la race souhaitée, les plus petites étant en général les plus chères. Ajoute une ou deux consultations annuelles chez le vétérinaire à 150 F environ (sans examen complémentaire ni médicaments) et entre 3 et 5 F de nourriture par jour pour un chien de moins de 10 kg. Plus parfois le toilettage ou les séjours « en pension » pendant les vacances... Fais les comptes... Sans oublier bien sûr la part non calculable de tendresse que tu devras lui offrir. Heureusement, tu sais qu'en échange de tout cela, il te rendra au moins le double d'affection !

Adorables, ces deux petits caniches !

Ta famille est d'accord ?

Un chien dans une maison, cela concerne tout le monde, pas seulement toi ! Il faudra le sortir plusieurs fois par jour, quelle que soit la saison. Et supporter les aboiements, les poils sur la moquette et dans la voiture, les objets renversés...
Pour éviter les problèmes, sois bien sûr que tous les membres de ta famille sont prêts à l'accueillir...

Toujours seul ?

Un dernier conseil enfin : renonce à ton projet si tu dois le laisser seul toute la journée.
Attendre pendant des heures le retour de ses maîtres n'est vraiment pas une vie de chien... de compagnie ! Et puis pourras-tu l'emmener en vacances avec toi ? Penses-y à l'avance, c'est vraiment important.

Ton chien doit être accepté par tous les membres de la famille.

Quelle race choisir ?

Tu es toujours décidé à avoir un chien ? Alors il te reste à choisir parmi les quelque 200 races existant en France (environ 300 dans le monde entier). Une affaire de taille, mais aussi de caractère, pour un compagnon bien adapté au mode de vie de ta famille.

Tel maître, tel chien !

Selon son caractère

Un énorme mais paisible montagne des Pyrénées est en réalité moins « encombrant » qu'un intrépide petit chien. Si tu es un enfant calme, tu éviteras peut-être une race qui ne demande qu'à chahuter, comme le boxer par exemple. À moins qu'un peu timide, tu ne préfères un chien démonstratif qui te permette de sortir de tes habitudes... Parfois on cherche la ressemblance, d'autres fois on aime la différence. En réalité, il n'existe aucune règle, c'est une affaire entre lui et toi...

Mâle ou femelle ?

La chienne est en général plus douce, mais la répétition de ses chaleurs (deux fois par an) peut présenter un inconvénient... Le chien est un bon gardien, mais il lève la patte un peu partout pour marquer son territoire. Pas toujours agréable quand on possède un jardin !

Poils courts ou poils longs ?

C'est là une affaire de goût et de sensibilité. Le poil ras met en valeur la musculature du chien, mais caresser une belle fourrure soyeuse ou une tête ébouriffée est aussi un plaisir. Sur un plan pratique, les chiens poilus demandent d'autant plus d'entretien qu'ils sont de grande taille. De quoi décourager parfois un enfant comme toi. Mais si les poils ras sont moins « salissants » les jours de pluie, ils se piquent malheureusement dans les tissus et résistent à l'aspirateur.

Danger de la mode

Évite de choisir une race trop à la mode. Pour satisfaire la clientèle, certains éleveurs font reproduire leurs chiennes de façon intensive, parfois sans faire de sélection. Les chiots risquent alors de devenir instables, nerveux. Les cockers golden ont eu par exemple la mauvaise réputation d'être des chiens agressifs : s'ils ne le sont plus aujourd'hui, c'est que la mode est à d'autres races !

Petit ou grand chien ?

C'est évident, un gros toutou réclame un grand espace. Il faut aussi pouvoir lui assurer beaucoup d'exercice, et une pâtée à la mesure de son appétit. Plus discret, un petit chien peut accompagner son maître presque partout. Le comédien Jean-Paul Belmondo se promène très souvent avec son yorkshire.

Selon ses besoins

Une chose importante quand même : certaines races ont plus besoin que d'autres de dépenser leur énergie. Autant en choisir une qui correspond à tes loisirs : randonnée tranquille pour les bergers ; « jogging » et même équitation pour les lévriers ; natation pour les labradors et les terre-neuve ; jeux de ballon pour les caniches ; recherche intéressée, nez dans le vent ou collé au sol, pour les chiens de chasse ; trous à creuser pour les fox-terriers... Si tu sais le maintenir en forme, ton chien sera le meilleur des partenaires !

Où le trouver ?

Trouver un chien n'est pas bien compliqué, puisque tu peux envisager de l'acheter chez un éleveur ou dans un magasin. Mais n'oublie pas que les refuges de la SPA (Société protectrice des animaux) te permettent de faire une bonne action en récupérant un animal abandonné.

Ce petit griffon Korthals aura besoin de beaucoup d'exercice et d'une vie en plein air.

À 15 jours, les petits épagneuls sont encore bien fragiles.

Éleveurs

Si tu désires un chien de race, cherche l'adresse de son club qui saura t'indiquer les bons éleveurs de ta région. Ceux-ci t'aideront à choisir ton chiot et tu pourras chez eux faire connaissance avec la mère de la portée, parfois même avec le père. Le comportement sociable des parents est une bonne garantie pour l'équilibre futur de l'animal.

Magasins

Certains magasins proposent parfois des chiots importés de Belgique, d'Angleterre et des Pays-Bas. Mais ils ne coûtent pas moins cher, et tu ne connais rien de leur passé ni de la manière dont ils ont été traités. Alors ouvre bien l'œil, car les petites boules de poils sont très sensibles aux maladies de leurs voisins ! C'est pourquoi il ne faut jamais choisir un chiot qui reste tout seul dans son coin, même s'il est attendrissant...

La Société centrale canine, « maison des aristochiens »

C'est un organisme officiel chargé de tenir à jour le Livre des origines français (LOF), véritable « arbre généalogique » de tous les chiens de race. Elle t'enverra sur demande la liste des portées disponibles dans ton département. Elle te donnera également les coordonnées du club de la race recherchée, qui t'orientera vers les meilleurs éleveurs. Elle gère aussi le fichier central de tous les chiens, de race ou non, identifiés par tatouage.

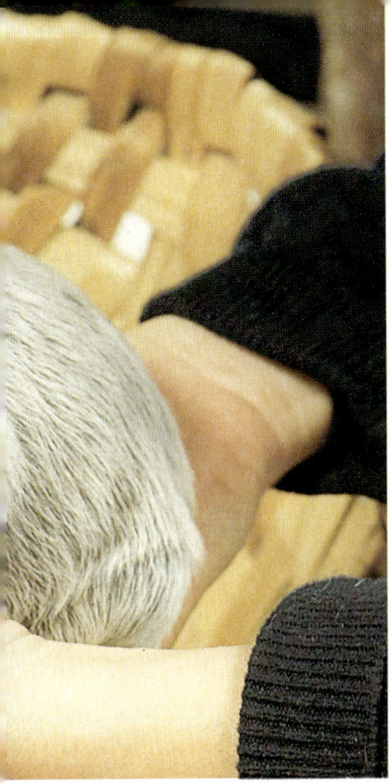

Refuges

Si tu veux faire une bonne action, adresse-toi plutôt à l'un des nombreux refuges des sociétés de protection animale. Ils sont une mine pour adopter bâtard ou chien de race. Celui-là sera parfois un peu chiffonné par une première expérience malheureuse, mais il sera tellement plein d'espoir et de reconnaissance !
Il te faudra être motivé pour l'aimer encore davantage et l'entourer de soins attentifs.

Formalités d'adoption

- Viens accompagné de tes parents, qui présenteront une carte d'identité et une attestation de domicile.
- Une participation aux frais de tatouage et de vaccination leur sera demandée.
- Ils devront ensuite signer un contrat dans lequel tu t'engageras à prendre bien soin du chien que tu veux adopter.

Tout cela te semble trop compliqué ? Ne sois pas si sévère, remercie plutôt les gens du refuge de savoir offrir une nouvelle chance à ces malheureux animaux. Tous tendent la patte pour te supplier mais, même en cas de coup de foudre pour l'un d'eux, renseigne-toi bien sur la cause de son abandon. À charge pour toi de lui faire oublier, bien sûr, mais cela pourra quand même t'aider dans ton choix.

Derrière les barreaux, l'espoir d'une nouvelle vie...

Les papiers du chiot

Le pedigree est un mot magique qui prête souvent à confusion... En réalité, au moment de l'achat, l'éleveur ou le marchand doivent te remettre trois documents officiels dont seuls les deux premiers concernent tous les chiens, de race pure ou non.

Indispensables papiers

- **L'attestation de vente** ou le certificat de donation, portant un certain nombre de mentions obligatoires.
- **Une carte d'immatriculation** au fichier central de la Société centrale canine (SCC) dont le numéro doit correspondre à celui tatoué dans l'oreille ou sur la face interne de la cuisse du chien.
- Pour un chiot de race pure, on doit aussi te fournir un papier de couleur rose : **le certificat de naissance.** Son arbre généalogique y est inscrit, le document témoigne de son inscription provisoire au Livre des origines français. Si le vendeur ne l'a pas encore reçu, il doit mentionner sur l'attestation de vente le numéro du dossier en cours à la SCC, en s'engageant à te le faire parvenir dès réception.

Carnet de vaccination

Il est facultatif. Mais si, dans les 15 jours qui suivent la vente, l'animal est atteint par certaines maladies virales (maladie de Carré, hépatite contagieuse, parvovirose) ou si certaines malformations sont décelées (dysplasie de la hanche, ectopie testiculaire, atrophie rétinienne), le vendeur sera obligé de te rembourser la somme versée.

Le pedigree, ça se mérite !

Le chiot de race pure ne possède en réalité qu'un certificat de naissance délivré par la SCC. Pour obtenir ce fameux pedigree, il faudra attendre que l'animal soit adulte, entre 12 et 15 mois. Un expert de la SCC s'assurera alors que le chien possède bien toutes les caractéristiques de sa race, et pas le moindre défaut ! Un animal né à l'étranger peut parfois bénéficier d'un pedigree « de naissance » mais, pour être reconnu en France, il devra subir le même examen de confirmation.

Quel prénom lui donner ?

Le système a démarré en 1973, avec la lettre I. Depuis, tous les chiens déclarés la même année à la Société centrale canine doivent obligatoirement porter un nom commençant par la même initiale, en suivant l'ordre alphabétique (sauf K, Q, W, X, Y et Z). 2000, par exemple, est l'année des R. Indispensable pour figurer au Livre des origines français ! Le chien reçoit un autre nom, « l'affixe », qui constitue la marque de l'éleveur. Exemple : Slaoui de la Verte Garrigue. Tous les chiots nés chez lui portent le même affixe. Efficace pour connaître son âge et sa famille ! Mais rien ne t'empêche d'appeler aussi ton ami par un diminutif affectueux, même très éloigné de son nom de baptême !

Gamin, Orphée et compagnie...

Un prénom, c'est pour la vie, alors fais le bon choix. Libre à toi de consulter le dictionnaire ou le calendrier. Mieux encore, pour lui trouver un nom amusant, laisse déborder ton imagination. Procède par association d'idées, selon la race, la couleur, la taille du chien... mais surtout selon tes goûts.

De A à V...

Si tu es à court d'idées, voici quelques suggestions :

A : Alarm, Alibi, Apache, Aubaine.
B : Bambou, Berlingot, Bidule, Biscotte.
C : Caïd, Canaille, Cannelle, Caramel, Chipie.
D : Daphné, Décibel, Démon, Dentelle, Disco.
E : Écho, Éclair, Eddy, Evita, Express.
F : Fantine, Filou, Flirt, Fredaine, Fripouille.
G : Gamin, Gipsy, Girouette, Globule, Guidoline.
H : Handy, Happy, Hardy, Hermine, Hirsute.
I : Idéfix, Illico, Index, Interlude, Irma.
J : Java, Jef, Jerry, Joyeux, Jumbo.
L : Lady, Lascar, Liberty, Loto, Lutin.
M : Mambo, Mascotte, Microbe, Mirabelle, Module.
N : Nemo, Noé, Noisette, Nougat, Numéro.
O : Obélix, Olive, Orion, Ouragan.
P : Paprika, Peluche, Pépito, Pirouette, Prunelle.
R : Rafale, Rebelle, Rico, Rodéo, Rush.
S : Samba, Sapho, Scoubidou, Seccotine, Speed.
T : Tango, Taquine, Ténor, Tonus, Tulipe.
U : Ubu, Ultra, Uranium, Ursule, Urgent.
V : Vandale, Vanesse, Virgule, Vox, Voyou.

Pour mieux le comprendre

Le chien est un animal qui a besoin de vivre au sein d'un groupe. Pour qu'il soit heureux, il doit trouver sa place dans ce groupe formé par les autres êtres qui l'entourent.

Le petit fox-terrier se couche pour montrer sa soumission et éviter de se faire agresser.

Avec les autres chiens

De 21 jours à 3 mois, le chiot découvre les autres et apprend à vivre avec eux. C'est la période de « socialisation », la plus importante pour son équilibre. Elle influence aussi son comportement futur. Car le chien est un animal grégaire, qui aime vivre en groupe ou en société. Comme les louveteaux, leurs proches parents, les chiots établissent très vite une hiérarchie entre eux. Chacun trouve sa place, à l'aide parfois de quelques bons coups de patte ! Par des jappements et des mimiques, avec certaines attitudes du corps, ils apprennent un langage qui leur servira plus tard à se reconnaître et à communiquer entre eux.

Parler chien...

Le chien adopte diverses postures et expressions pour communiquer :

◄ Chien dominant menaçant

Quand on le provoque, il relève le défi. En retroussant ses babines, il découvre ses dents. Sur le point d'attaquer, il tient sa queue à l'horizontale.

Chien peureux, agressif ▲

Celui-ci est sur la défensive. Pourtant il est inquiet. Il a la queue entre les jambes et les oreilles rabattues. Attention danger ! S'il ne peut pas fuir, il attaque.

Chien dominant ►

Sûr de lui, il hérisse le poil de son dos, dresse les oreilles, lève la queue et entrouvre la gueule. De quoi impressionner les plus timides.

Morphologie du chien

Voici le nom des différentes parties du corps de ton chien de la truffe à la queue.

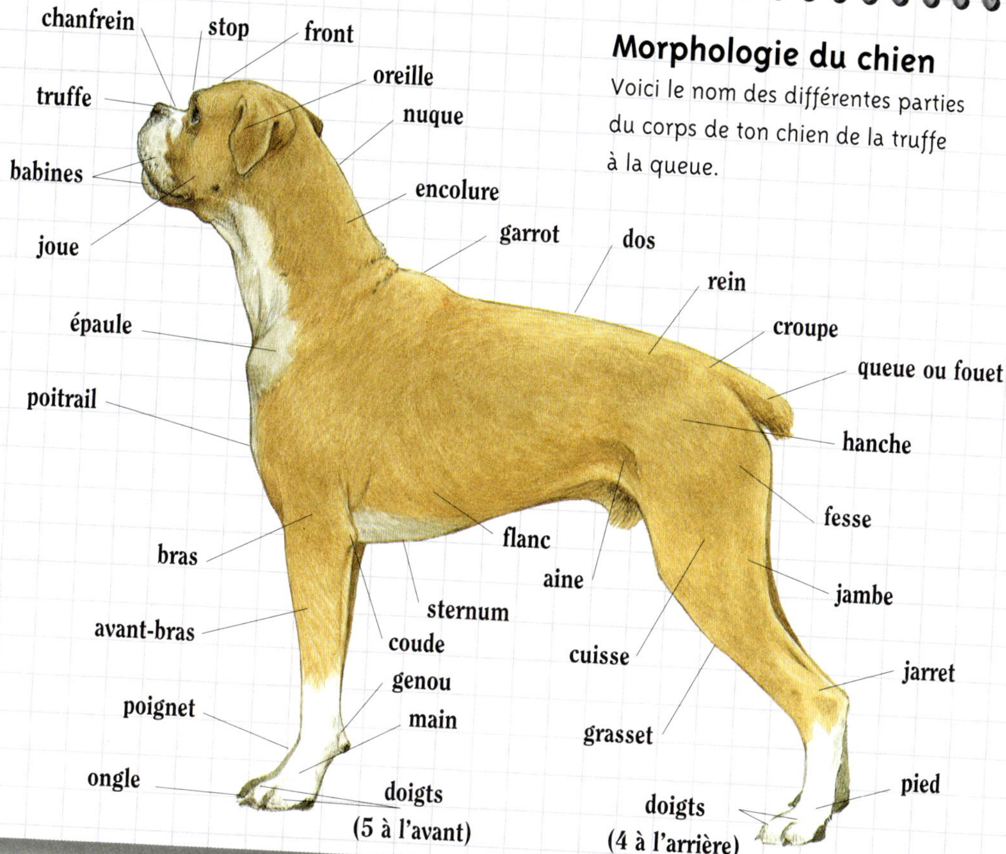

Chien soumis ▲

Pour paraître tout petit, il se couche.

Invitation au jeu ▲

Croupe relevée, pattes avant allongées, queue fouettant l'air joyeusement, il jappe pour t'inviter à jouer.

Soumission absolue ▼

Quand le danger est très proche, le chien n'hésite pas à se renverser sur le côté, à écarter sa patte arrière vers le haut, découvrant ainsi son ventre.

Chien attentif ▼

Tiens, qui va là ? Un ami ou un adversaire ?

Avec les hommes

À l'égard des humains, les chiots doivent apprendre très tôt à ne pas être craintifs ou farouches. L'éleveur idéal ne se contente pas de les nourrir, il reste un bon moment avec eux, leur parle, les caresse… Beaucoup d'élevages sont équipés de jouets bien sûr, mais aussi d'un poste de radio pour familiariser les petits avec les bruits de la vie courante.

Os enterrés

Dans quel but enterre-t-il ses os dans le jardin ?
Il y a longtemps, c'était pour lui la seule façon de protéger ses provisions de la convoitise des autres animaux. Il les mettait ainsi de côté pour les jours de disette.

Avec les autres animaux

Si tu héberges aussi un chat ou un cheval, ton chiot doit apprendre avant 3 mois à connaître cette espèce, pour pouvoir devenir son meilleur copain ! Il intègre alors le chat ou le cheval à son environnement et les considérera toujours comme faisant partie de sa meute.

Un chien peut devenir le meilleur ami d'un cheval ou même d'un chat pourvu qu'il fasse sa connaissance avant l'âge de 3 mois.

La séparation

On peut enlever le jeune chien à sa famille quand il a 7 semaines, sans qu'il souffre trop de la séparation. Mais certains éleveurs préfèrent le garder jusqu'à l'âge de 3 mois, pour pratiquer tous les vaccins et lui permettre de rester un peu plus longtemps au sein de son groupe.

La meute, une grande famille.

Un conseil :

Si tu n'as pas emporté le chiot à 7 semaines, laisse-le jusqu'à 3 mois avec sa première famille. Car il doit alors traverser un moment critique : il commence à mémoriser les événements agréables ou douloureux et donc à connaître la peur. Ce n'est pas le moment de le perturber !

Petit à petit, tu vas remplacer la mère du jeune chiot.

Pour mieux le choisir

Bien choisir un chiot dans une portée est difficile ; le test de Campbell sera un moyen de t'y aider

Le test de Campbell

Tous les chiots de la portée sont adorables. Alors tu es indécis : lequel choisir ? S'il vient d'avoir 7 semaines, c'est le moment idéal pour éprouver son caractère. Un scientifique américain, Campbell, a imaginé un test fondé sur l'étude du comportement des chiots. Il fournit en général de bonnes indications sur le tempérament de l'animal. À toi d'essayer !

Lequel de ces trois chiots préfères-tu : le plus éveillé, le timide ou le réfléchi ?

Bien choisi, ton chien deviendra ton plus fidèle compagnon.

Une indication, non une garantie

Les tests de Campbell sont sérieux, bien sûr, mais ce ne sont pas des « vérités scientifiques ». Les réactions des chiots permettent seulement de déterminer les tendances du caractère de chacun. Tu peux ainsi choisir l'animal qui semble le mieux correspondre à ta personnalité. Mais le comportement du chien pourra être modifié plus tard par son mode de vie et son éducation. Ainsi, un chiot dit « bien socialisé » d'après les tests peut se révéler par la suite peureux ou agressif. Cela sera alors souvent dû à un maître tyrannique ou trop indulgent ou qui abandonne son animal seul toute la journée… Un chiot timide pourra par contre, s'il est élevé avec justice et amour, devenir un adulte parfaitement équilibré !

Comment procéder ?

Fais les expériences calmement, en notant au fur et à mesure sur un carnet les réactions du chiot. Observe bien, après tu pourras comparer ! À la fin des exercices, quel que soit le comportement du chiot, caresse-le, félicite-le avant de le ramener à sa mère : il l'a bien mérité !

◀ L'attraction sociale

Place le chiot au centre d'une pièce ou d'un coin de jardin. Puis éloigne-toi de lui de quelques mètres, dans le sens opposé à celui par lequel tu es arrivé. Agenouille-toi et essaie d'attirer le chiot en claquant légèrement des mains.

Vient directement, queue haute, saute, mord	dd
Vient directement, queue haute, donne la patte	d
Vient directement, queue basse	s
Vient en hésitant, queue basse	ss
Ne vient pas	i

Son aptitude à suivre l'homme ▶

Debout près du chiot, éloigne-toi en marchant normalement, et en vérifiant qu'il t'a bien vu démarrer.

Suit directement, queue haute, dans tes pieds, mord	dd
Suit directement, queue haute, dans tes pieds	d
Suit directement, queue basse	s
Suit en hésitant, queue basse	ss
Ne suit pas, va de son côté	i

◀ Ses réactions à la domination par contrainte

Accroupis-toi et couche le chiot au sol en le roulant gentiment sur le dos. Tiens-le ainsi, une main posée sur sa poitrine, pendant 30 secondes.

Se bat férocement, queue battante, mord	dd
Se bat férocement, queue battante	d
Se bat férocement, puis se calme	s
Ne se débat pas, lèche les mains	ss

Conditions à respecter

La personne qui fait exécuter le test doit être absolument inconnue du chiot : tu es donc le testeur idéal. Tu dois être seul et emmener chaque chiot séparément dans un endroit tranquille et inconnu de l'animal. Le chiot doit avoir exactement 7 semaines. Il doit être manipulé avec douceur, sans encouragements ni reproches. Mieux vaut en fait éviter de lui parler. Nettoie l'endroit si le petit filou a fait pipi, pour que le suivant ne puisse identifier l'odeur. Cela pourrait le perturber.

◀ Ses réactions à la domination sociale

Un chien dominant pose ses pattes antérieures sur la nuque et le garrot du subordonné. Pour savoir s'il accepte ta domination, accroupis-toi à côté du chiot et caresse-le doucement depuis le sommet du crâne en descendant le long du cou et du dos. Exerce s'il le faut une certaine pression, pour le maintenir dans cette position pendant 30 secondes.

Saute, donne la patte, mord, gronde	dd
Saute, donne la patte	d
Se tortille, lèche les mains	s
Roule sur le dos, lèche les mains	ss
S'en va et se tient à distance	i

Ses réactions à la domination par élévation ▶

Soulève le chiot doucement, tes deux mains entrelacées sous sa poitrine, jusqu'à ce qu'il ne touche plus terre. Maintiens-le ainsi 30 secondes.

Se débat férocement, mord, gronde	dd
Se débat beaucoup	d
Se débat, se calme, lèche	s
Ne se débat pas, lèche les mains	ss

Grille de cotation des tests de Campbell

Coche l'attitude correspondante.
À la fin du test, totalise les différentes réponses : (dd : ..., d : ..., ss : ..., s : ..., i : ...).
Reporte-toi à l'interprétation des résultats.
Procède de même pour chaque chiot de la portée.

Interprétation des résultats

Pour connaître le résultat des tests, il suffit de te reporter au tableau et de noter pour chaque exercice les lettres « dd », « ss », « d », « s » ou « i » suivant les réactions du chiot. Selon le total obtenu, l'éthologiste Campbell classe les animaux en cinq grandes catégories.

Deux « dd » ou plus, avec des « d » par ailleurs : chiot dominant et agressif.

Un tel animal peut réagir brutalement et mordre si on le manipule sèchement. Il faut le traiter avec douceur, sans jamais le frapper. Il peut devenir un bon chien de défense à condition d'être éduqué avec beaucoup de patience, d'une main de fer mais... dans un gant de velours !

Trois « d » ou plus : chiot dominant extraverti.

Le chiot a une tendance à la domination loyale, à l'assurance. Mais ce n'est pas forcément un bon copain pour toi. S'il est gâté, si on lui laisse faire ses caprices, il deviendra impossible. Il présente en revanche une grande aptitude au dressage, aux concours et au travail.

Deux « s » ou plus, avec un ou plusieurs « i » : chiot soumis.

C'est un tendre. Pour gagner sa confiance, il ne faut pas lésiner sur les compliments et l'affection. Très sensible aux remontrances, il est également capable de mordre par peur, s'il se trouve bloqué sans pouvoir fuir. Si tu n'es pas un tyran, il sera ton ami.

Trois « s » ou plus : chiot équilibré.

Ni trop soumis ni agressif, peu susceptible, un tel chien s'adapte bien à tous les types d'environnements, en appartement comme à la campagne. C'est le chien qu'il te faut.

Deux « ss » avec « i » dans le test de dominance sociale : chiot mal socialisé.

L'animal aura des réactions imprévisibles. Si on relève aussi des « d » ou des « dd » sur la grille de cotation, le chien peut réagir à la peur. Il attaquera, notamment si on le punit. Si la grille comporte d'autres « ss » ou d'autres « i », le plus léger traumatisme peut suffire à le rendre peureux. Ce n'est donc pas un compagnon très sûr.

Autres tests amusants

Le test de Campbell n'est pas le seul puisque tu peux te faire une idée du comportement du chiot avec un jouet téléguidé ou un miroir.

Le test du miroir :

Place le chiot âgé de moins de 3 mois devant une glace.

- S'il reste immobile, il est équilibré mais plutôt hardi et dominant.
- S'il s'approche puis recule, manifestant à la fois de l'intérêt et de la réserve, il est tendre et gentil.
- S'il grogne et s'enfuit, il est craintif et peu sociable.

Le test du jouet téléguidé :

Place-le cette fois-ci devant un objet, qui avance tout seul.

- S'il saute dessus, le chiot est plutôt de nature agressive.
- S'il l'ignore, c'est un indépendant.
- S'il va se cacher, c'est un peureux.
- Enfin, s'il s'intéresse au jouet, tout en prenant soin de l'éviter quand il faut, c'est un chiot bien équilibré.

Intuition...

Si tu n'as pas l'occasion de « tester » les chiots d'une portée, choisis toujours un animal joueur, gai, prêt à venir se faire câliner.

Éduqu

er ton chien

Le chiot nouveau est arrivé ! C'est la vedette de la maison. On le cajole, on joue avec lui, on rit de ses bêtises. En un mot : on lui passe tout ! Pourtant, il n'est jamais trop petit pour apprendre les bonnes manières...

La place du chien dans ta maison

Choisis plutôt une période de vacances pour accueillir le chiot. Tu seras plus disponible. Pour lui, quitter ses frères et sœurs est une dure épreuve. À toi de le rassurer par des caresses et beaucoup d'attention.

Son coin

Il a besoin d'un nid douillet, avec si possible un « toit » pour se sentir plus en sécurité. Installe-le dans un coin tranquille, loin de tout passage.

La nuit

La première nuit, il va sûrement pleurer. Tant pis ! Tâche de faire la sourde oreille. S'il insiste, laisse la radio allumée en sourdine à côté de lui pour faire une présence. Et s'il couine vraiment trop, accepte qu'il couche quelques nuits dans ta chambre, mais toujours dans son panier.

Dormir avec lui ?

Tu en as très envie ! Pourtant n'accepte pas qu'il monte sur ton lit. Chacun sa « niche ». Sinon, plus tard, le chien défendra ta couette comme son propre bien, en risquant peut-être de mordre ton père ou ta mère, venus te dire bonsoir. En colère mais aussi par prudence, ta famille se séparera du chien. Tu imagines le drame ! Alors sois raisonnable...

Fais-toi respecter

Tu dois te faire respecter par ton nouvel ami, c'est très important. Dès ses premiers repas, tu dois pouvoir lui donner et lui reprendre sa gamelle sans qu'il grogne. N'attends pas demain pour le faire, sinon il va se rendre compte très vite qu'il fait peur quand il montre ses crocs et hérisse le poil. S'il continue à gronder, retire-lui son repas et attends qu'il se calme... Et s'il ne comprend toujours pas, sois plus rusé : dépose un morceau de viande dans le récipient pendant qu'il mange. Il ne refusera pas cette friandise. Désormais tu seras un ami, et non plus un concurrent...

Jouer, c'est sérieux

Quand tu joues avec lui, c'est aussi le moment d'éduquer ton chiot. Inutile de te rouler par terre : il te prendrait pour un chien ! Et même si tu trouves ça drôle, ne lui permets jamais de te mordiller. Il ne se « fait » pas les dents, comme tu peux le croire... Il teste son pouvoir. Il l'a déjà fait avec ses frères et sœurs mais, avec toi, jusqu'où peut-il aller ? Dès qu'il serre les crocs, tu dois intervenir en disant « non ! » d'une grosse voix. S'il insiste, secoue-le gentiment par la peau du cou. Il comprendra : sa mère faisait la même chose quand il devenait agaçant.

Le jeu : un moyen de tester son pouvoir.

Sans exagérer

Inutile de l'ennuyer tous les jours pour vérifier que tu es toujours le « chef » : il a très vite compris les rôles de chacun. Évite aussi de lui faire peur et ne le brutalise jamais quand tu joues avec lui. Il en garderait un mauvais souvenir et n'aurait plus confiance en toi. Quand il se réfugie dans son panier, laisse-le tranquille : il est chez lui. Un chiot dort toujours beaucoup. Et puis, ne le porte pas non plus toujours dans les bras. Il doit être libre de faire tout seul ses propres expériences. Sinon, plus tard, il risque d'être peureux.

Lui apprendre la propreté

Le jour même de son arrivée dans sa nouvelle maison, le chiot peut déjà apprendre à ne pas faire ses besoins partout. Mais attention : il ne sait pas encore se retenir très longtemps !

Quand il est trop petit pour se retenir pendant ton absence, aménage-lui un coin où il puisse faire ses besoins.

Des horaires à respecter

Jusqu'à l'âge de 5 mois environ, le jeune chien a besoin d'uriner très souvent : au réveil d'une sieste ou de la nuit, dans la demi-heure qui suit la fin des repas, et environ toutes les deux heures pendant le reste de la journée. Six à sept fois par jour, emmène-le toujours au même endroit pour que ses réflexes, conditionnés par association d'odeurs, lui permettent de se soulager régulièrement. Récompense-le alors par une caresse.

Si tu t'absentes

Utilise la technique du papier journal. À côté de son panier, installé de préférence sur un sol carrelé, le chiot aura un « coin toilettes » fait de journaux empilés. Il ira naturellement faire pipi à cet endroit, attiré par sa propre odeur. C'est pourquoi quand tu remplaceras les feuilles de papier, prends bien soin d'en laisser une encore humide sur le dessus.

Il a fait pipi !

Malgré toutes tes précautions, ton chiot a fait pipi. Pour l'éduquer à la propreté, quelques conseils...

Si tu le prends en flagrant délit :

Il vient de faire ses besoins sur la moquette, gronde-le sur-le-champ. Mais sans crier ni le battre : stressé, il continuerait à uriner de peur. Ce n'est pas un crime après tout ! Saisis-le par la peau du cou en le secouant légèrement, en répétant toujours le même mot, celui que tu utilises pour interdire quelque chose, « Non » par exemple... Puis transporte-le dans son coin, en le caressant.

S'il fait pipi par terre, prends-le par la peau du cou et ramène-le dans son coin, sans crier trop fort.

Si tu t'en aperçois trop tard :

Inutile de lui mettre le nez dessus, car il a déjà oublié l'incident. D'ailleurs, toi, tu trouves cela vexant mais ça ne l'est pas forcément pour le chien. S'il se cache sous la table à ton arrivée, tu penses : « Noé sait bien qu'il a fait une bêtise. » Tu te trompes. Ce qu'il sait en revanche, c'est que tu vas te fâcher à la vue de la tache humide sur le sol. Sans le vouloir, tu lui apprends à craindre plus tard toutes les flaques d'eau ! Évite aussi de nettoyer par terre devant le chiot : la serpillière qui remue, c'est pour lui une invitation à jouer.

Sois à l'heure !

Dès qu'il est en âge de sortir dans la rue, déplace chaque jour un peu les journaux vers la porte. Au bout d'un mois, le jeune chien attendra sagement ou en gémissant que tu l'emmènes faire ses besoins à l'extérieur. Mais sois à l'heure ! Et par prudence, la nuit, laisse toujours à sa portée papiers ou serpillière.

Prends exemple sur sa mère !

Durant les dix premiers jours de sa vie, parfois même un peu plus, le chiot ne peut pas faire ses besoins tout seul. Son système nerveux n'est pas achevé. C'est sa mère qui, en lui léchant le bas du ventre, provoque la sortie des déjections qu'elle nettoie pour garder la litière propre. Ce comportement est indispensable à la santé du chiot. Si le tien est orphelin, c'est à toi de l'aider. Après chaque tétée au biberon, tu lui masseras le derrière avec une petite éponge imbibée d'eau tiède.

Petits oublis

Lorsqu'ils apparaissent chez un chiot pendant son sommeil, ou chez un chien devenu propre, les « petits oublis » doivent attirer l'attention et entraîner une visite chez le vétérinaire : l'animal peut être nerveux (angoisse de la séparation, frayeur, soumission) ou malade (affections urinaires).

Un nid propre

Très vite, la chienne va interdire à ses jeunes de salir le nid. Elle n'hésitera pas à les prendre par la peau du cou pour les mettre dehors. Une bonne habitude ! Toi aussi, tu dois faire comprendre à ton jeune ami que la maison est un grand nid qu'il ne faut pas souiller.

Des sorties « à la carte »

Ton chien est devenu propre et tu dois le sortir, qu'il pleuve ou qu'il neige. Tu lui montreras le caniveau, en tirant doucement sur sa laisse au moment stratégique !

N'oublie pas : tu dois sortir ton chien même les jours de pluie,

Ton chien est-il un mâle ou une femelle ?

La durée de la sortie hygiénique n'est pas la même. La chienne fait des arrêts plus longs et vide sa vessie en deux ou trois fois. À partir de la puberté (entre 4 et 7 mois), le chien, lui, lève la patte fréquemment pour « marquer » son territoire. Mais il dépose seulement trois gouttes à chaque fois ! L'odorat des chiens est très développé. Ils se laissent entre eux des messages d'odeurs. Aussi, en le laissant longuement flairer les messages de ses congénères, tu lui laisses le temps de se soulager complètement.

Dans le caniveau

S'il fait ses besoins sur le trottoir, n'aie pas honte de ramasser sa crotte avec un papier pour la jeter à la poubelle. À New York, les gens le font tous les jours. Cela ne choque plus personne, et c'est tellement plus agréable et moins dangereux pour tout le monde !

Lui apprendre la solitude

Le chien est un animal qui vivait, à l'origine, en meute. Il supporte mal de rester seul à la maison. Pourtant, il ne peut pas t'accompagner partout ! Aussi dois-tu, le plus tôt possible, lui apprendre à attendre sagement ton retour.

Seul dans une pièce

Pas question de l'abandonner tout de suite pendant 8 heures d'affilée ! Après une semaine d'adaptation à sa nouvelle famille, habitue petit à petit le chiot à rester seul dans une pièce avec son panier et ses jouets. Aux premiers cris ou grattements à la porte, reviens et remets-le dans son nid avec un sévère : « Non, silence ! » S'il se calme, félicite-le ensuite. Recommence souvent l'expérience, par exemple au moment où le chiot est sur le point de s'endormir, en augmentant à chaque fois la durée de l'isolement.

Une chaussure contre la solitude...

Fausses sorties

Pas de gros câlins, de sermons, ni de promenade bâclée une demi-heure avant ton départ.

Le chiot sent ton inquiétude et cela l'angoisse encore plus... Au contraire, sors de la maison tranquillement, sans faire attention à lui. N'éteins pas la radio et laisse une lumière allumée pour le rassurer complètement. Caché derrière la porte, tends l'oreille : s'il pleure, surgis alors à l'intérieur en le grondant et repars aussitôt... jusqu'à ce qu'il reste sage.

Le retour : une fête

Caresses, jeux et promenade à ton retour lui permettront de retrouver la vie sociale dont il a besoin. Mais s'il a commis des bêtises dans la maison, ignore-le quand il vient te faire la fête : c'est la pire des punitions. Il comprendra bientôt que ton départ s'accompagne toujours de ton retour et aussi d'amusements en perspective : il s'endormira tout à fait confiant...

On dit que le chien ignore la notion du temps. Rester seul pendant dix minutes ou une matinée entière serait pour lui la même chose. Mais en est-on vraiment sûr ?

Pour être heureux, un chien a besoin de vivre en compagnie. Joue avec lui en rentrant de l'école et, si tu pars retrouver tes copains, emmène-le avec toi.

Un appel au secours

Coussins éventrés, livres déchiquetés, meubles rongés... Quand le chien en arrive à ce point, ce n'est pas pour se venger d'avoir été oublié à la maison. Au lieu de le gronder, il faut plutôt s'inquiéter, car ce sont des signes réels de panique. Cela se traduit généralement par trois réactions :

- Il hurle à la mort pour essayer de rassembler sa famille dispersée, ou clame sa détresse en aboyant sans cesse.
- Il met à sac la maison par anxiété ou pour tromper son ennui.
- Enfin, il peut aussi déposer ses besoins un peu partout, sans en avoir réellement envie, simplement par peur viscérale. Dans ce dernier cas, l'isolement atteint alors un seuil insupportable pour lui. Essaye d'alléger sa solitude en lui offrant un compagnon. Un chat, par exemple, qui, par sa présence tranquille dans la maison, calmera son anxiété.

N'hésite pas à répéter un exercice plusieurs fois de suite pour être sûr que ton chien ait bien compris.

Premières leçons

N'oublie jamais que tu es le maître et que le chien doit t'obéir. Un chien mal éduqué est vite insupportable.

Le rappel

Très vite, le chiot va accourir joyeusement quand tu l'appelles : « Noé, viens ! » Apprends-lui son nom dès les premiers jours, à l'heure du repas. Si le chiot hésite à aller vers toi, c'est qu'il n'a pas encore tout à fait confiance. Laisse-lui alors le temps de t'aimer. Dès qu'il te suit, caresse-le : « C'est bien, Noé, au pied ! »

L'objectif est de pouvoir laisser son chien courir en liberté et de savoir qu'il revient à l'appel.

Et dehors ?

Dans la nature, c'est plus difficile. Noé est parti à la chasse aux papillons : tu as beau l'appeler et taper sur tes cuisses, il ne répond pas. Éloigne-toi de lui en courant, ou tends-lui un piège : cache-toi derrière un arbre. Très vite, le jeune chien va s'inquiéter de ton silence, puis de ta disparition. Rappelle-le. Il arrive alors à toute allure, soulagé et tout heureux de te retrouver. Loin de toi l'idée de le gronder à ce moment-là. Il a déjà oublié son escapade, et peut-être même les papillons ! Félicite-le au contraire !

La laisse : qui mène l'autre ?

Pour éviter que ton chien ne te mène plus tard par le bout de la laisse, en zigzaguant de droite à gauche sur le trottoir, habitue-le très vite à cet instrument bizarre. Mets-lui déjà très tôt un collier léger ou un simple ruban autour du cou ; promène-toi de temps en temps avec lui dans la maison en le tenant en laisse. Au début, il va la mordiller et s'amuser avec, ou refuser d'avancer.

Ne le traîne pas comme un boulet. Attends qu'il démarre spontanément et encourage-le à poursuivre sa marche. Suis-le alors pas à pas, même s'il titube encore un peu.

Au pied !

Pour sa première sortie dans la nature, ton ami se prend pour un chien de traîneau ? Corrige ses écarts d'un petit coup sec sur la laisse, tenue courte. En même temps, lance-lui un ordre ferme mais rassurant : « Noé, au pied ! »

Au pas

S'il ne réagit pas à tes avertissements, change brusquement de direction, au risque de lui marcher légèrement sur les pattes... Ou encore agite devant son nez un petit bout de bois. Si tu refuses ainsi de te laisser remorquer par ton chien, après quelques séances, il marchera au même rythme que toi. En évitant d'enrouler sa laisse autour des réverbères ou des passants, et sans risquer de se faire écraser !...

Sans laisse

La laisse, c'est pratique mais cela peut parfois présenter quelques inconvénients. L'animal est relié à son maître comme par un cordon ombilical, cela lui donne une fausse assurance. Il se sent protégé, et peut alors avoir une attitude agressive anormale à l'égard des autres animaux. Quand il sera plus grand, là où il n'y a pas de voitures, pourquoi ne pas lui apprendre aussi à marcher à côté de toi en liberté, sans avoir besoin d'être tenu en laisse ?

Devenir un chien civilisé

Pour que tu sois heureux avec ton chien, il faut que ton compagnon soit sociable et équilibré. Tu dois donc lui donner l'occasion de découvrir la société des hommes et celle de ses congénères.

La ville est riche de mille odeurs pour ton chien. En se familiarisant très tôt avec le milieu urbain, il deviendra un animal sociable et équilibré.

Découvrir le monde...

À l'âge de 3 mois, le chiot a reçu en principe tous les vaccins nécessaires. Pas de temps à perdre, tu peux le sortir dans la rue. Les marchés, les gares sont des endroits parfaits pour lui permettre de faire connaissance avec la société des hommes : foule pressée, sol plein d'odeurs nouvelles, voix criardes ou amplifiées par les haut-parleurs... En s'habituant à cette ambiance, il va devenir un chien sociable, sans peur et sans reproche...

Drôle de comportement

Pourquoi ton chien tourne-t-il plusieurs fois sur lui-même avant de se coucher ? Ce ne sont pas des manies de vieux garçon, mais un principe ancestral de prudence chez tous les animaux. Mieux vaut s'assurer qu'aucun hôte indésirable, type serpent ou scorpion, ne s'est glissé dans les lieux pendant son absence.

Collier sans torture

Les colliers étrangleurs, à pointes, ou autres engins de torture, ne sont à utiliser que par des dresseurs professionnels, face à des chiens adultes très mal éduqués par leur maître.
Ce n'est absolument pas ton cas ! Préfère-lui un petit collier bien ajusté, qui te servira à le tenir et à attacher sa laisse. Bien choisi, il sera même la touche finale mettant en valeur la beauté de ton chien.

Et les autres chiens

L'idéal est de lui faire aussi rencontrer de temps en temps quelques congénères à quatre pattes. Si un chien adulte vient renifler ton copain, inutile de chercher à le protéger. Il ne risque rien : un jeunot n'est pas un rival ! Au contraire, détache le chiot, et laisse-le faire connaissance tout seul. Quitte à ce qu'il soit légèrement remis en place par l'adulte s'il se montre un peu trop téméraire. Laisse-le vivre sa vie canine, il n'en sera que plus dégourdi !

« Assis, couché »

Ton chiot a environ 6 mois. Il répond bien à l'appel de son nom, il ne tire plus sur sa laisse. Tu peux maintenant lui enseigner d'autres exercices, il est assez « mûr ». S'asseoir, se coucher sont déjà chez lui des postures naturelles. À toi de lui faire comprendre le mot qui correspond à chacune d'entre elles.

« Assis ! »

C'est la position d'attente idéale pour calmer ton compagnon, surexcité à l'idée de partir en promenade ou à la vue de la préparation de son repas. Dans un premier temps, profite de ce que le chiot s'assoit spontanément pour le caresser et répète : « Assis Noé, c'est bien ! » Le message passe alors sans contrainte. Pour accélérer l'apprentissage, tu peux aussi lui montrer comment prendre la bonne position.

L'arrière-train doit être posé sur le sol, le corps droit et les pattes antérieures parallèles.

« Assis ! »

Exerce d'une main une légère pression sur ses reins, et de l'autre, relève sa tête pour l'empêcher de se coucher.

Pour renforcer l'ordre que tu lui lances, associe-le à un geste simple. Cela peut être plus facile pour lui de se rappeler un mouvement du bras que de se souvenir d'un mot.

Caresses

Prononce toujours le même mot-clé. S'il se laisse manipuler avec plaisir, n'oublie pas de le caresser et de le féliciter. Mais attention, ce ne doit jamais devenir une épreuve de force ! Car le chien, tout occupé à résister à ta poussée, n'écoute plus l'ordre donné, et c'est raté !

« Couché ! »

Le « Couché ! » est aussi simple à enseigner que le « Assis ! » La méthode est la même : commence à lui apprendre ce nouveau mot à l'endroit où le chien aime se coucher, « Couché, panier, c'est bien Noé ! » Là encore, joins le geste à la parole.

Associe ton ordre au geste de la main abaissée vers le sol.

« Couché ! »

S'il se contente de s'asseoir, appuie sur son dos et, de ton autre main, tire doucement ses pattes antérieures vers l'avant.

L'infériorité

Parfois, à l'ordre « couché » ton ami se contentera de s'asseoir. À toi de l'aider à descendre plus bas. Tu dois faire très vite, comme si c'était un jeu, afin qu'il n'ait pas le temps de se débattre. Se coucher, c'est peut-être une position confortable pour toi, mais pour lui c'est d'abord une attitude d'infériorité.

Récompense

Récompense-le de sa bonne volonté. Certes, un chien très soumis obéira sans aucun doute plus volontiers. Mais s'il se couche sur le dos dès que tu fais un mouvement, ignore-le : tu lui demandes de te faire plaisir, non d'avoir peur de toi en jouant les carpettes ! Utilisée à petites doses, sa gourmandise peut également l'encourager à s'asseoir. Conserve dans ta main une friandise. Tu la lui donneras dès qu'il aura pris la position demandée : toute posture intermédiaire ne sera pas récompensée !

« Pas bouger ! »

Une fois les réflexes « Assis ! » et « Couché ! » bien acquis, pourquoi ne pas essayer d'aiguiser sa patience ?

L'attente

Cela peut être très utile dans la vie courante, si tu veux, par exemple, qu'il t'attende sagement devant un magasin pendant que tu fais tes achats. Assis ou couché, il saura patienter jusqu'à ton retour.

« Assis, pas bouger ! »

Puis, s'éloigner...

La patience

Pour l'éduquer, place un objet familier près de ton chien – l'objet imprégné de ton odeur le rassure – puis recule de quelques pas tout en ordonnant « Assis, pas bouger ! » ou « Couché, pas bouger ! » sans prononcer son nom, mais en indiquant avec ta main le geste correspondant à la position demandée.
Ne le quitte pas des yeux et félicite-le pour son obéissance.

L'objet imprégné de ton odeur rassure le chien quand tu t'éloignes...

Puis, s'éloigner...

Après une dizaine d'essais, il a bien compris ce que tu lui demandes. Recule alors à droite, à gauche, et de plus en plus loin, jusqu'à disparaître de sa vue, quelques secondes d'abord puis quelques minutes. S'il te recherche, ne l'appelle surtout pas. Retourne vers lui, et remets-le en position en associant toujours le geste à ton ordre.

Garder un sac : le bon exercice !

N'abuse pas de sa confiance ! Au bout de 30 minutes, le chiot le mieux éduqué perd patience !

Non !

Si le chiot fait mine de te suivre, un « Non ! » catégorique lui apprendra qu'il commet une faute. Ramène-le à sa place avec un mot d'encouragement et reprends la leçon. S'il recommence, n'insiste pas et surtout ne le punis pas. Un bon apprentissage doit être fait en douceur. Calme ton ami, promène-le un moment avant de reprendre l'exercice, pendant quelques minutes seulement.

La leçon : consignes à respecter

Pour apprendre à ton chien à devenir un compagnon obéissant, il te faut être à la fois patient et persévérant. Être un bon maître, c'est tout un art !

Avec plaisir

Éduquer son chien doit être une partie de plaisir. Ne commence pas une leçon en pensant au dessin animé que tu rates à la télévision. Le chien ressent très bien si ta tête est ailleurs et cela le trouble beaucoup.

Calme mais ferme

Choisis un endroit tranquille, sans distraction possible. Ne sois pas impatient dans tes gestes, ne crie pas. Le ton doit être ferme, mais calme et jamais menaçant. Les ordres doivent être brefs : pas d'hésitations ni de longs discours. Pas question par exemple de « Sisitte, mon pépère ! » ou « Veux-tu t'asseoir, mon bébé ! » Tu dois lui dire : « Noé, assis ! » Pour l'aider, n'oublie pas d'associer le geste au commandement.

Régulièrement

L'idéal pour ton chien est de débuter doucement. Commence par des séances régulières n'excédant pas les 5 minutes. Ensuite prolonge-les petit à petit, mais jamais plus d'un quart d'heure. Ton chiot est exactement comme toi à l'école : il relâche vite son attention.

Avec patience

Quel que soit l'exercice, n'oublie pas qu'il faut progresser pas à pas, c'est une affaire de patience. Assure-toi que la position « Assis ! » par exemple soit bien comprise avant de lui enseigner celle de « Couché ! » Ne termine jamais sur un échec.

Récréations

Conjugue toujours les exercices avec des moments de récréation. Le chien qui s'est bien appliqué pendant le travail a besoin ensuite de se défouler. Jouer avec lui, c'est aussi une récompense, et la meilleure façon de montrer que tu es content de ton élève, c'est d'exprimer ta joie.

Répétition

Fais-lui répéter de temps en temps les exercices à la maison, dans la rue, en présence d'autres chiens et d'autres personnes. Sans bien sûr en devenir maniaque ! Un compagnon obéissant, oui, un chien de cirque, c'est une autre histoire...

Rien compris !

Enfin, si après plusieurs tentatives le chien ne t'obéit toujours pas, c'est sûrement qu'il ne comprend pas ce que tu lui demandes. C'est ta faute ! Si tu le réprimandes, il fera encore moins d'efforts pour essayer d'apprendre.

Punition - Récompense

Pour éduquer un chiot, la caresse est bien plus efficace que le bâton. L'animal obéit naturellement s'il y trouve du plaisir et non de la contrainte.

Les récompenses

Elles doivent être nombreuses pendant les premières leçons. Rien de mieux pour encourager un chiot que des caresses, des paroles chaleureuses : « C'est bien, le chien, bravo !... » ainsi parfois qu'une friandise.

La confiance

Le but des récompenses est d'établir un climat de confiance permettant à l'animal de s'épanouir… ce qui ne veut pas dire qu'on va tout lui passer !

Un geste...

Inutile plus tard de récompenser ainsi chaque ordre exécuté de la vie quotidienne. Un simple clin d'œil, un grattement entre les oreilles suffisent pour rappeler la confiance et la complicité établies.

La punition

Si la récompense traduit la satisfaction du maître, la punition ne doit jamais être une manifestation de sa colère. Il ne s'agit pas de « faire payer » au chien une faute, en lui donnant une « bonne raclée ». Il faut supprimer un comportement indésirable pour une meilleure entente.

De la fermeté

Quand tu lui dis d'un ton mécontent : « Couché ! Dans ton coin ! » c'est déjà une punition pour lui. S'il le faut, interviens alors par surprise : une tape énergique sur les fesses, avec un torchon par exemple et un « Non ! » catégorique.

Ne jamais frapper l'animal avec brutalité :

C'est lui apprendre à mordre. En effet, s'il ressent la punition comme une attaque ou une souffrance, le chien aura une réaction de panique : fuite ou autodéfense. Cela peut avoir des conséquences très graves !

Ton chien et les visiteurs

Dans les rues, souvent, c'est la même histoire : les chiens des maisons viennent contre les grilles en hurlant, alors que tu ne fais que te promener tranquillement sur le trottoir ! Imagine que le tien fasse pareil : pas très agréable pour tes visiteurs !

Halte-là ! le malinois ! On ne touche pas à mon pote, le cochon d'Inde ; il a aussi le droit de rendre visite à tes maîtres.

Le facteur

Avec le facteur, c'est vraiment spécial. Chaque jour il touche à la boîte aux lettres, et en plus il porte une casquette étrange. Quelle provocation pour ton chien, que de venir ainsi à la limite de son territoire ! Et puisque le facteur repart aussitôt, ton chien croit qu'il a réussi à le chasser. Alors pourquoi ne pas recommencer le lendemain à grogner et à aboyer, puisque ça marche à tous les coups ?

Que faire ?

Il faut que ton chien distingue les vrais amis, pour qu'il ne leur fasse plus d'histoires. Surtout n'essaye pas de le caresser ! C'est le meilleur moyen de l'encourager à continuer. Mieux vaut aller régulièrement accueillir le facteur dans la rue.

La sympathie

Tiens ton chien en laisse, pour lui faire comprendre que le visiteur n'est pas ton ennemi. De jour en jour, le facteur va sympathiser avec le « fauve » en lui donnant au besoin une friandise. Deuxième étape : tu feras entrer tout naturellement l'homme dans le jardin. S'il te considère comme le « petit chef » de la maison, le chien acceptera définitivement l'étranger sur le territoire familial. Il deviendra bientôt son meilleur copain, même derrière la grille !

Attention, chien méchant

Plutôt que d'installer l'affreuse pancarte que tu vois trop souvent « Attention chien méchant », tu peux mettre en place un panneau « Je garde la maison », ou encore « Les amis de mon maître sont aussi mes amis »...

Calmes mais attentifs, ces trois superbes labradors n'en sont pas moins impressionnants. Voilà des chiens bien éduqués.

Chien inconnu : mode d'emploi

Si tu ne veux pas te faire mordre, tu dois faire attention à tes faits et gestes face à un chien inconnu. Car lui non plus ne te connaît pas...

Fais attention car, même s'il a l'air gentil, tu ne peux pas prévoir la réaction d'un chien attaché.

S'il est attaché

Bien sûr tu les aimes tous, mais ne cherche jamais à caresser les pauvres chiens attachés à leur niche, ni même ceux que tu rencontres dans la rue. Celui qui est assis sagement devant la boulangerie garde peut-être le panier de sa maîtresse. Il croira que tu veux le voler, et risque d'avoir une réaction brutale !

Peur du géant

Ne te penche pas au-dessus du chien. Il a l'impression, comme Astérix le Gaulois, que le ciel lui tombe sur la tête. Car tu es deux fois plus grand que lui ! Imagine-toi un instant dans sa situation : tu serais face à un géant de 3 m. En t'accroupissant, tu lui paraîtras moins menaçant.

Les yeux dans les yeux

Ne le fixe pas non plus dans les yeux. As-tu remarqué que les chiens, avant de se renifler, ne se regardaient jamais en face ? Dans leur langage, cela équivaut à une déclaration de guerre. Alors, prends garde !

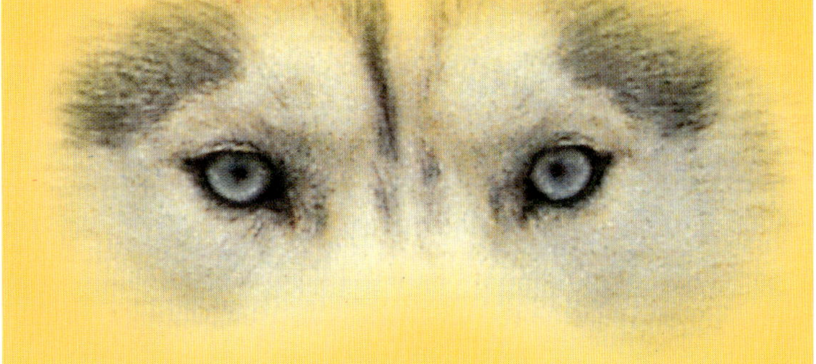

À lui de venir

Une fois à genoux, ne tends pas la main ouverte vers ton chien, mais tapote ta cuisse en signe d'invitation, ou tape doucement dans tes mains en lui parlant. S'il approche vers toi en remuant la queue, présente-lui le dos de ta main pour qu'il la flaire. C'est gagné ! Tu peux le caresser tranquillement. Mais s'il se dérobe, ne le force pas. Sois patient : c'est lui qui bientôt viendra vers toi.

Avec des gestes et des mots doux, il est facile d'apprivoiser un chien.

Chien méchant ? Non, chien malheureux !

Pour qu'il ne déteste pas les enfants

N'excite jamais non plus un chien de la voix ou du geste, même si tu te crois à l'abri derrière un grillage ou la vitre d'une voiture. Cela lui apprendrait à détester tous les enfants, ce serait quand même dommage pour tous ceux qui le rencontreront après toi, et qui auront toutes les peines du monde à l'apprivoiser !

Bien éduqué, ton chien peut te suivre sans problème à vélo.

Surtout, n'aie pas peur

Essaie de n'avoir jamais peur du chien qui est en face de toi. Pas toujours facile devant un molosse, c'est vrai ! Mais même si tu fais le « fier » pour cacher ta frayeur, le chien, lui, la ressent parfaitement et peut en profiter. S'il te menace en grondant et en aboyant, surtout ne tourne pas les talons pour te mettre à courir. Tu réveillerais en lui son instinct de chasseur ! C'est ce qui explique aussi pourquoi le chien s'attaque parfois à des coureurs à pied ou des cyclistes : pour lui, ils semblent s'enfuir...

Garde ton calme

Si tu as un harmonica dans ta poche, souffle dedans. C'était un « truc » utilisé au siècle dernier par les vétérinaires de campagne qui visitaient les fermes. Le son est très désagréable à l'oreille du chien, et le laisse pétrifié. Il en hurle parfois même à la mort ! Ou encore, fais marche arrière posément, ou mets-toi à quatre pattes en faisant des grimaces et en émettant des bruits bizarres. La plupart du temps, le chien sera plus effrayé que toi et décampera aussitôt.

Dans une bagarre

Ne cherche surtout jamais à séparer des chiens qui se battent. Dans l'excitation de la bagarre, tu risquerais de prendre un coup de croc, même de la part de ton propre chien. Jette-leur plutôt un seau d'eau, c'est beaucoup plus efficace ! On prétend parfois qu'il est possible de séparer sans danger deux chiens en les tirant par la queue : c'est faux, car il peuvent se retourner pour mordre.

Pourquoi un chien est-il agressif ?

Il n'y a pas de chiens « méchants », il n'y a que des chiens mal éduqués.

Ne pas céder à ses caprices

Si on cède à tous ses caprices quand il est petit, il deviendra à coup sûr un adulte insupportable, qui ne respecte rien. Puisque tout est permis, il sème la panique partout, bouscule ses maîtres, passe et repasse entre leurs jambes, leur saute dessus avec ses pattes boueuses et se rebiffe dès qu'on le contrarie. À l'insu de tous, il est devenu le « chef de famille » !

Ne pas trop le couver

À l'opposé, si on couve le chiot comme un bébé, l'adulte sera complètement privé d'expérience et incapable de se débrouiller seul. Il est alors anxieux, hurle pendant des heures si son maître s'absente. Jaloux aussi, il peut se montrer agressif quand des inconnus entrent dans le cercle familial, surtout des enfants !

Chacun sa place

Le chien qui a sa place bien déterminée dans la famille, celui qui obéit à son maître reconnu comme un vrai et un bon chef de meute, celui qui joue avec les enfants et a des contacts avec le monde extérieur est un compagnon merveilleux, exactement celui dont tu rêves ! Alors, tu sais maintenant comment faire pour l'éduquer de la bonne manière.

Être indulgent !

Si on est trop sévère avec lui, si on lui inflige au moindre prétexte des punitions démesurées et qu'il ne comprend pas, on provoquera chez le chiot un refoulement très grave. Dominant, il se rebellera contre son maître ; soumis, la peur le poussera à mordre s'il ne peut pas s'enfuir.

La règle du jeu

Quand un chien rencontre un autre chien, que se racontent-ils ? Des histoires de chiens, bien sûr. En testant leur pouvoir, ils font connaissance. Surtout n'interviens pas : tu risquerais de troubler la règle du jeu.

Soign
ton chien

er

Il joue, il court, il saute et n'en laisse pas une miette dans son assiette. Ton chien est en pleine forme, c'est sûr ! Mais les petits soins quotidiens entretiennent l'amitié... et la santé. Le sortir souvent, bien le nourrir, faire sa toilette et prendre certaines précautions sont la meilleure médecine : mieux vaut prévenir que guérir !

Bien nourrir son chien

Comme toi, ton chien a besoin d'une alimentation adaptée à son âge, à son poids et à ses activités physiques. Mais inutile de lui mijoter de bons petits plats. Occupe-toi plutôt de varier les ingrédients en respectant la règle de base.

Quelle quantité lui donner ?

C'est facile : compte environ 15 g de viande par kg que pèse ton chien. Pour le reste, suis les proportions. Par exemple, si ton copain pèse 10 kg, prépare 150 g de bourguignon, 75 g de riz et autant de légumes, plus les petits compléments. Mais c'est une moyenne : inutile de tout peser précisément. D'ailleurs, toutes proportions gardées, les petits chiens mangent plus que les gros. Un caniche de 3 kg avalera 60 g de viande (20 g x 3), tandis qu'un dogue de 80 kg se contentera de 800 g (10 g x 80). Heureusement, sinon ça coûterait vraiment très cher !

À table, monsieur est servi !

Un repas équilibré doit comporter 3 éléments distincts : glucides, lipides et protéines. Mais jamais de haricots secs, ni de pois ou de pommes de terre : le chien les digère mal. Ajoute une cuillerée de levure, une cuillère d'huile végétale (de maïs ou de tournesol) ou bien une dose de complément minéral vitaminé : il aura un poil superbe ! Et bien sûr, mets-lui toujours en plus de l'eau propre à volonté.

25 % de riz bien cuit et bien rincé, ou encore des céréales ou des pâtes.

25 % de légumes bouillis : carottes (c'est meilleur marché !), haricots verts, salade...

50 % de viande maigre coupée en petits morceaux et servie crue (bourguignon, joue de bœuf...). Une fois par semaine, tu peux aussi la remplacer par du poisson cuit, des abats, ou pourquoi pas un œuf dur.

Combien de fois par jour ?

Cela dépend de son âge. 4, puis 3 fois par jour jusqu'à l'âge de 6 mois. 2 repas par jour jusqu'à 1 an, et puis après, un seul repas !

Ta chienne a trop de bébés ? Pour les nourrir, pèse les chiots chaque jour. Le nombre de biberons à donner par 24 heures dépend de leur poids et de leur âge.

Chacun sa ration

Ton chien est un sportif ? Il chasse ou se dépense toute la journée ? Remplis davantage sa gamelle pour augmenter les protéines. Quand au contraire ton chien vieillit et prend de l'embonpoint, mets-le au régime : réduis les portions de viande et de riz et augmente celles de légumes. Le chiot, quant à lui, a besoin d'une ration double jusqu'à l'âge d'un an et demi pour devenir un adulte bien bâti. Soit 30 à 40 g multiplié par son poids. Quel vorace !

Torsions d'estomac

Regarde-le manger : il engloutit tout en une ou deux minutes. Quel appétit ! Mais cela joue parfois des tours aux grands chiens, dont l'estomac peut se tordre : une ou deux heures après son repas, il gémit et ne tient pas en place ; il fait des efforts pour vomir sans y parvenir ; son ventre est gonflé, douloureux, et résonne comme un tambour. L'accident risque d'être mortel si le vétérinaire n'intervient pas tout de suite. Aussi pour réduire le danger, répartis l'alimentation de ton géant en au moins deux fois. Interdis-lui aussi tout effort violent dans les trois heures qui suivent son repas et dans l'heure qui le précède, c'est plus prudent !

Bas les pattes ! Tu n'es pas un singe pour manger des cacahuètes.

Avant ou après toi ?

Tu veux prendre ton repas tranquillement, sans un regard d'envie ou de reproche de sa part ? Sers-le en premier. Cependant, si ton chien a tendance à jouer au chef de famille autoritaire, fais-le manger après tout le monde, sans lui permettre bien sûr de mendier à table. Pourquoi ? Parce que chacun a sa place : dans une meute de chiens sauvages, les dominants se servent les premiers sur la proie, les autres se contentent des restes.

Mendier à table, pas question !

Il fait le « beau », aboie, saute ou pose ses pattes sur la table du repas ? C'est amusant peut-être, au début. Mais accepter de tels caprices, c'est nuire à sa santé. S'il mérite vraiment une récompense, offre-lui à l'occasion un gâteau pour chiens, un morceau de fromage ou de pomme.

Ronger un os, cela peut occuper ton copain pendant des journées entières. Laisse-le faire : cela fortifie ses crocs et évite la formation de tartre.

Et les os

Il adore ronger un os ? Un gros os de veau ou de bœuf, d'accord. Mais attention à ceux de mouton, de poulet ou de lapin : ils se cassent en petits morceaux pointus et peuvent se piquer dans sa gorge ou son intestin.

Pour ou contre les aliments industriels ?

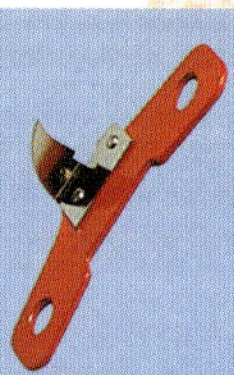

Les boîtes ou les croquettes, c'est vraiment pratique et cela revient moins cher que la pâtée traditionnelle. Choisis les produits avec soin, en comparant les compositions et les qualités nutritives. Et n'oublie pas de laisser de l'eau à côté de ces aliments déshydratés : ton chien doit beaucoup boire. Attention, un changement brutal de régime provoque parfois des diarrhées : introduis progressivement les nouvelles croquettes.

Que faire si...

Ton chien peut présenter des troubles divers liés à la qualité de sa nourriture ou à son état de santé : diarrhée, constipation, etc.

... ton chien a la diarrhée ?

Mets-le à la diète pendant un jour ou deux, en ne lui donnant à boire que de l'eau de cuisson de riz. Surveille ses selles : si tu y vois du sang ou des glaires, tu dois immédiatement consulter un vétérinaire. Cela peut être grave !

... ton chien est constipé ?

Supprime les os et le riz, et donne-lui davantage de légumes. Ajoute une cuillerée d'huile de paraffine et fais-lui faire de l'exercice ! Mais si la constipation persiste, là aussi, n'attends pas pour consulter un spécialiste.

Il n'a pas faim aujourd'hui ?

Ne t'inquiète pas, cela peut arriver. Et ne lui laisse pas sa gamelle pleine, c'est inutile. Tu la lui représenteras le lendemain à la même heure et au même endroit, dans un coin tranquille bien sûr.

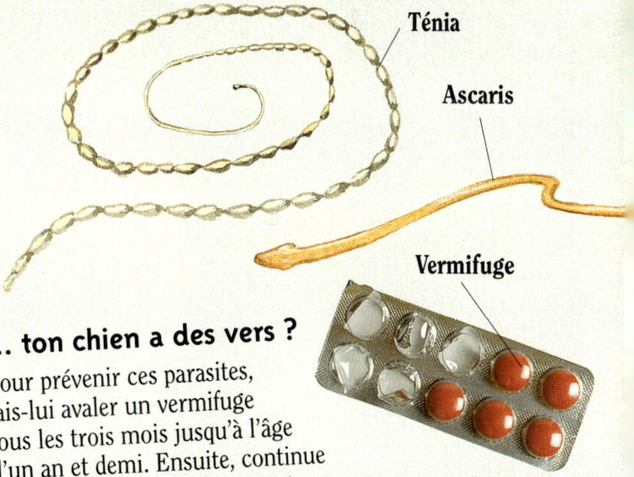

... ton chien a des vers ?

Pour prévenir ces parasites, fais-lui avaler un vermifuge tous les trois mois jusqu'à l'âge d'un an et demi. Ensuite, continue deux fois par an, régulièrement.

... ton chien se traîne le derrière par terre ?

Il a des vers ? Pas forcément ! Cela peut signifier aussi un engorgement des glandes anales. Avec un morceau de papier, presse de chaque côté de l'anus pour expulser les sécrétions.

Les promenades, c'est bon pour la santé !

Même si tu as un jardin, pas question de laisser ton ami tourner en rond dans sa cage dorée. Il a besoin de changer d'air... en ta compagnie.

Petites sorties et longue balade

Sais-tu qu'un chien de taille moyenne habitant en appartement nécessite au minimum 3 sorties par jour, d'au moins 20 minutes chacune ? Il faut en plus prévoir une longue balade en toute liberté, au moins une fois par semaine. Exactement comme toi !

Quelle foulée, presque aérienne, déploie ce lévrier afghan !

À son rythme

Tu t'en doutes, les grands chiens, comme les bergers ou les lévriers, ne demandent qu'à galoper. Ce n'est pas une raison pour imposer à ton ami à quatre pattes de véritables marathons. Seul un animal jeune, en pleine santé et entraîné régulièrement, peut trotter sans problème à côté d'un vélo ou marcher des kilomètres d'un pas alerte.

Savoir s'arrêter

Ton chien a, lui aussi, envie de regarder le paysage et de s'arrêter de temps en temps pour renifler l'herbe tendre. Courir pour courir, ce n'est pas fait pour ton copain !

Emmène ton chien en pleine nature si tu peux : squares et jardins publics lui sont interdits. Pense aux enfants qui jouent dans le bac à sable...

Non au vagabondage

Tenir son chien en laisse est-il obligatoire ? Non, s'il reste à portée de vue et s'il revient sagement quand tu l'appelles ! Mais ne lui permets jamais de courir après les poules et les moutons des fermes alentour ! En ville, il est difficile de pouvoir le lâcher complètement.
Et n'oublie pas : c'est toi qui promènes ton chien et non le contraire !

À condition de bien savoir s'en servir, la laisse à enrouleur peut lui laisser une certaine sensation de liberté, tout en gardant un contrôle sur le chien.

Vrais symptômes mais idées fausses

- « Mon chien est malade : il a attrapé froid ? » Non, le « coup de froid » n'existe pas chez le chien. S'il a de la fièvre et s'il ne mange pas, consulte le vétérinaire.
- « Mon chien mange de l'herbe : il se purge ? » Non, l'herbe n'a aucun effet sur les vers. Au contraire, elle provoque une irritation de l'estomac qui peut se traduire par des vomissements ! Empêche-le d'en manger, même si l'herbe lui semble fraîche.

Sport à deux !

À toi également de faire du sport car il n'est pas question de faire courir ton copain derrière la voiture. Ce n'est pas une allure de croisière pour son cœur. Et s'il a du mal à suivre, il risque de paniquer. Il aura peur de te perdre...

La toilette : un plaisir pour toi et pour lui

Ton chien a le poil brillant ? C'est signe de bonne santé. Mais si tu veux qu'il reste propre et beau, tu dois lui faire sa toilette. Suivant la race, cela te prendra plus ou moins de temps.

brosse pour poils longs

carde

Le bain

N'en abuse pas : il ne faut pas décaper la couche de sébum qui protège son pelage contre les intempéries. Prévois un bain tous les 2 ou 3 mois environ, beaucoup plus souvent pour les chiens clairs et ceux présentés en exposition : concurrence oblige ! Lave-le à l'eau tiède (35 °C), avec un shampooing spécial pour chiens ou un shampooing très doux pour bébés. Ne lui en mets pas dans les yeux ni dans les oreilles : tu n'aimes pas quand ça pique, lui non plus !

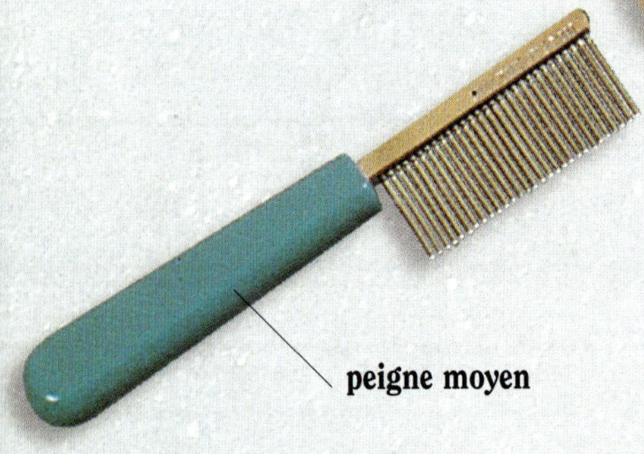

peigne moyen

Un petit brushing ?

Quand tu le sors, avant qu'il ne s'ébroue et arrose toute la salle de bains, frictionne-le bien avec une serviette-éponge. Tu te sens l'âme d'un coiffeur ? Fais-lui un brushing : il aura l'air moins chiffonné. Mais attention de ne pas le brûler avec le séchoir trop chaud ou trop près de sa peau !

peigne large

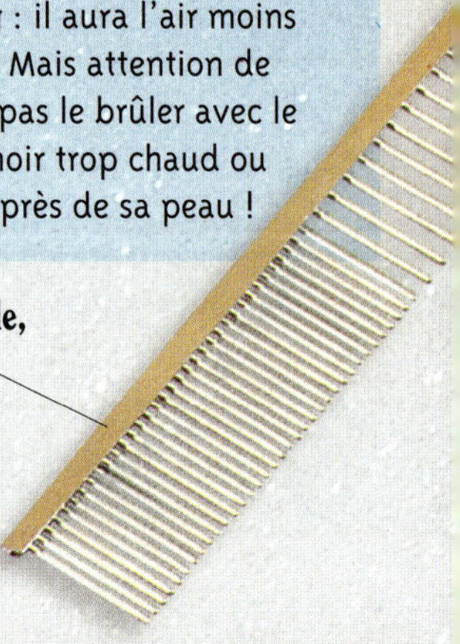

peigne double, fin et large

À chacun sa brosse

Pourquoi brosser ton chien ? Pour éliminer les saletés, les parasites, les poils morts et éviter la formation de nœuds. Une fois par semaine suffit pour un chien à poils ras, mais n'hésite pas à le faire tous les deux jours s'il les possède longs.

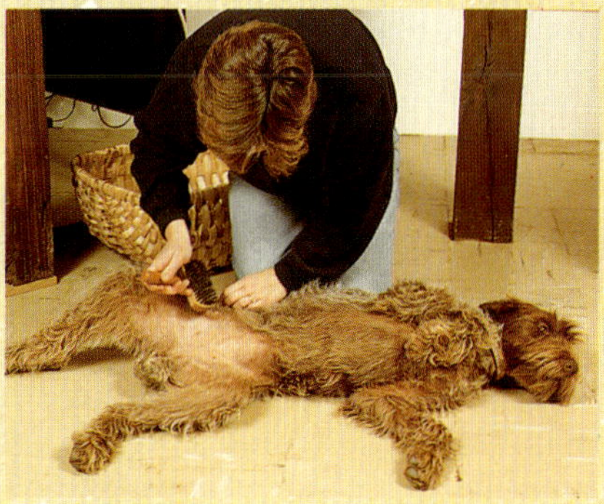

Quels ustensiles utiliser ?

Sers-toi d'un gant en caoutchouc pour masser et lustrer les poils ras et d'une brosse douce pour aérer la fourrure des longs poils. La peau d'un chien est fragile : il ne faut pas l'irriter avec des ustensiles trop agressifs. Toutefois en période de mue, l'étrille est le meilleur outil pour enlever la bourre des chiens à sous-poil. Brosse toujours dans le même sens, de la tête vers la queue. Ensuite, pour bien démêler les poils longs, tu les peigneras avec un peigne métallique : dents serrées ou espacées selon la nature du poil, pour éviter de l'arracher.

La mue : une question de lumière

Qu'il soit ras, court, long ou dur, doublé ou non d'une bourre, le poil pousse, meurt et se renouvelle. Pour les chiens qui vivent dehors, la mue a lieu deux fois par an, au printemps et à l'automne. Ceux qui, en appartement, reçoivent à peu près la même quantité de lumière toute l'année perdent leurs poils de façon permanente. Ne t'inquiète pas : c'est normal.

La tonte

Faut-il tondre un fox-terrier ou un schnauzer dont le poil dur est devenu trop fourni ? C'est la solution la plus facile, mais les poils vont repousser mous et ondulés. L'idéal est d'épiler la fourrure régulièrement à la main ou au peigne-couteau. C'est long, mais le résultat en vaut la peine. Et si c'est bien fait, cela sera absolument indolore pour ton copain !

En période de mue, le sous-poil abondant du samoyède peut être filé. On en fait des pull-overs chauds et douillets comme de l'angora.

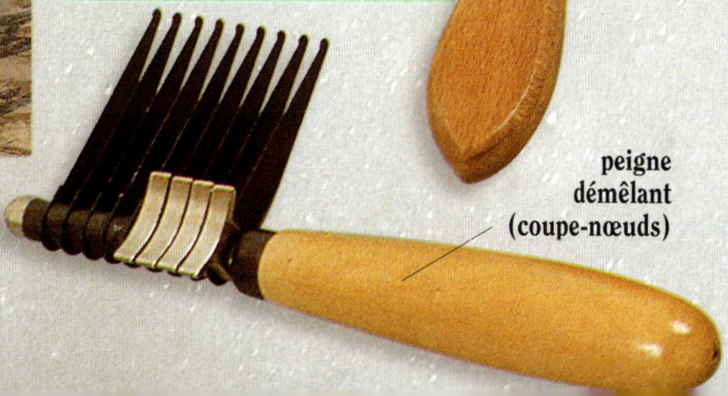

Hygiène au quotidien

Tu te brosses les dents, tu te nettoies les oreilles, tu te coupes les ongles ? Pour éviter bien des petits bobos, tu dois en faire autant à ton compagnon ! Procède avec précaution pour ne pas le blesser.

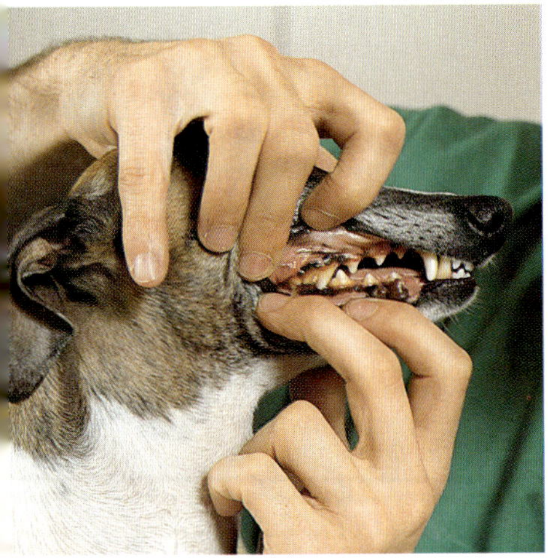

Si ses dents sont trop entartrées, le vétérinaire sera amené à enlever les dépôts calcaires avec un appareil à ultrasons.

Les dents

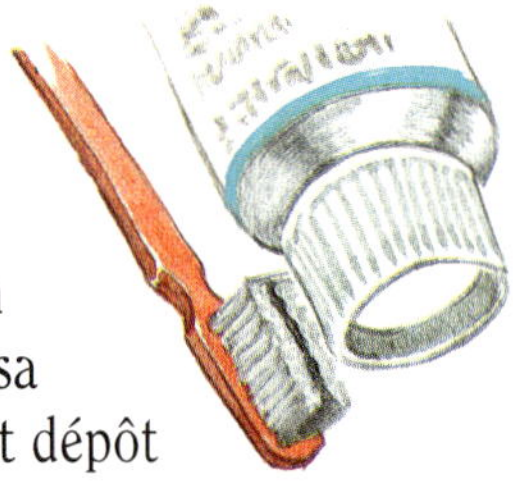

Il a mauvaise haleine ? Regarde d'abord ses dents avant de craindre une crise de foie. Des restes d'aliments et de calcaire les ont rendues toutes jaunes. En effet, son régime de citadin ne suffit plus à nettoyer sa dentition de carnivore. Pour empêcher tout dépôt de tartre, donne-lui de temps en temps à ronger ou à croquer des aliments durs (gros os de veau, os en peau de buffle). Tu peux aussi lui brosser les dents avec du bicarbonate ou encore un dentifrice spécial. Sinon ses gencives risquent de s'infecter.

Les ongles

En marchant, ton chien use ses griffes en permanence. Si tu les entends gratter le sol, elles ont besoin d'être coupées. Surveille aussi les ergots qui peuvent s'enrouler et pénétrer dans la chair. Tu peux utiliser une pince spéciale, « à guillotine ». Mais demande d'abord au vétérinaire ou au toiletteur de te montrer comment faire. Car il ne faut pas couper la veine qui passe à travers la griffe. Difficile à distinguer sur les ongles sombres du chien âgé.

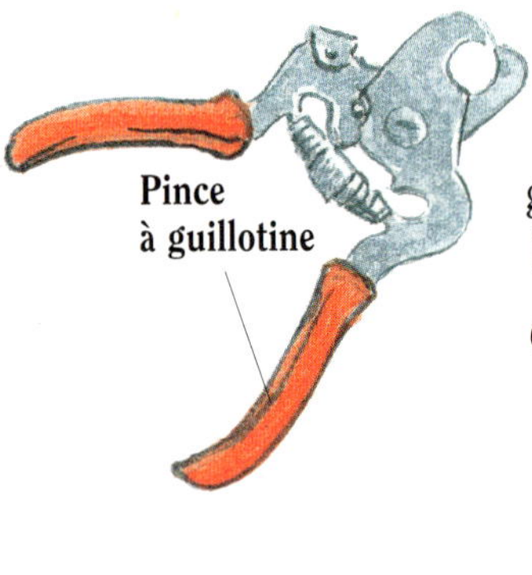

Pince à guillotine

Couper les ongles de ton chien demande beaucoup d'adresse. Fais attention !

Les oreilles

Normalement, les oreilles de ton ami se nettoient toutes seules. Mais si c'est un cocker ou un chien à oreilles tombantes, examine-les très régulièrement pour dépister les croûtes ou les mauvaises odeurs... Certains chiens, comme le caniche et les griffons, ont des poils dans les oreilles. Épile-les pour éviter les infections.

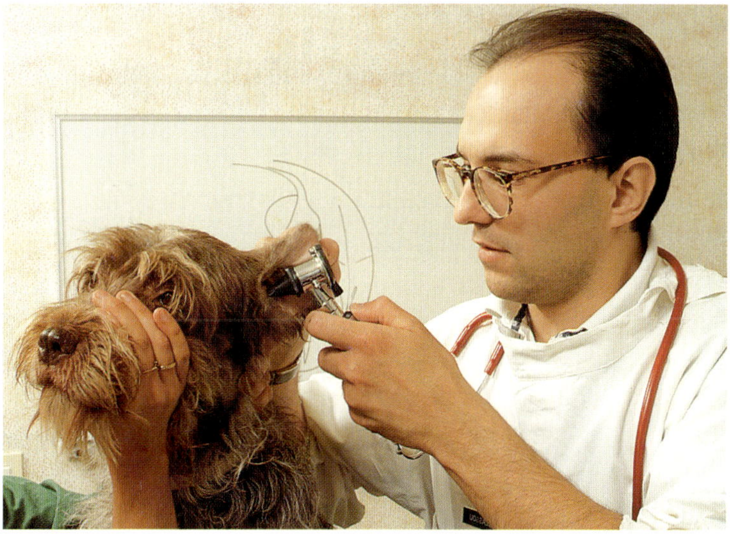

Un conduit auditif malodorant, un cérumen marron ou blanchâtre et liquide... Consulte immédiatement un vétérinaire qui pratiquera un examen otoscopique.

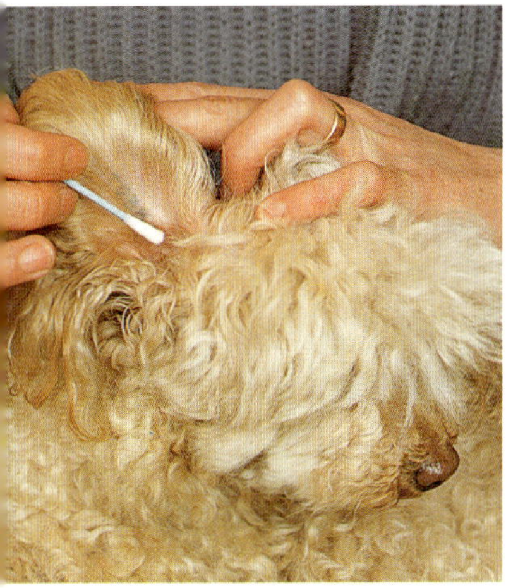

N'utilise le Coton-Tige que pour nettoyer les plis visibles du pavillon externe. Pour les soins en profondeur, le vétérinaire prescrira des gouttes.

Vrai ou faux

« Mon chien lèche sa plaie : c'est sa façon de se soigner. »
Faux ! Sa salive n'est pas antiseptique. Au contraire, elle retarde la cicatrisation. S'il le fait, c'est pour calmer l'irritation, comme toi quand tu te fais une égratignure !

Quel âge a-t-il ?

La correspondance entre ton âge et celui de ton chien n'est pas facile à établir. Il ne suffit pas de multiplier par 7, comme on le croit souvent ! Voici un tableau des équivalences approximatives entre l'âge d'un homme et d'un chien :

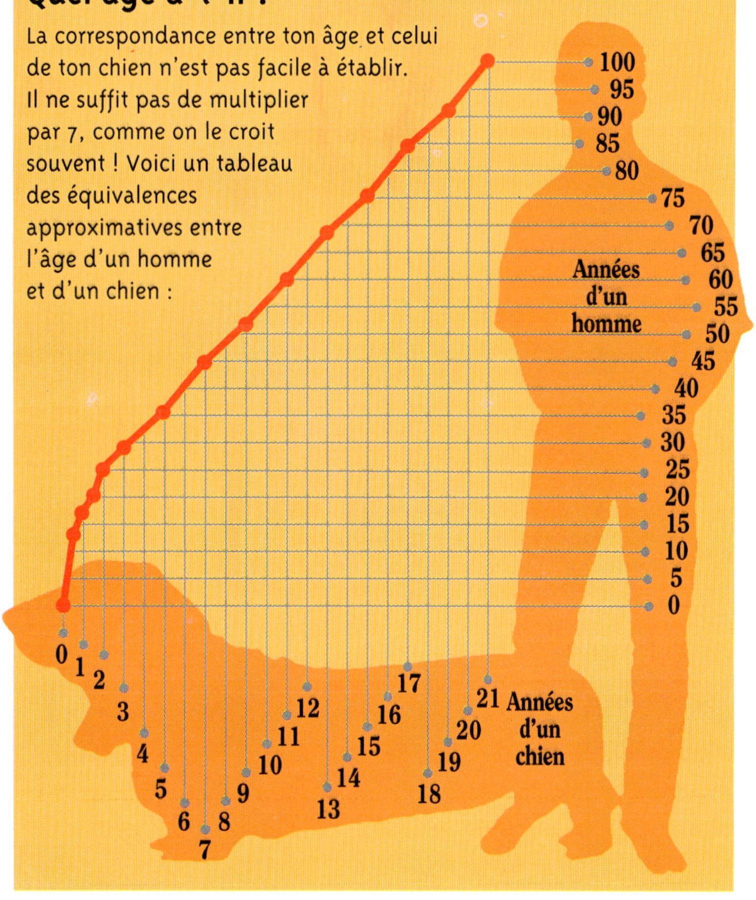

Les vaccinations

Pourquoi faire vacciner ton chien ? Pour lui permettre de résister à certaines maladies très graves. Il en existe cinq contre lesquelles tu dois le protéger toute sa vie. Seule la vaccination contre la rage est obligatoire dans certaines régions de France, mais les autres sont tout aussi importantes.

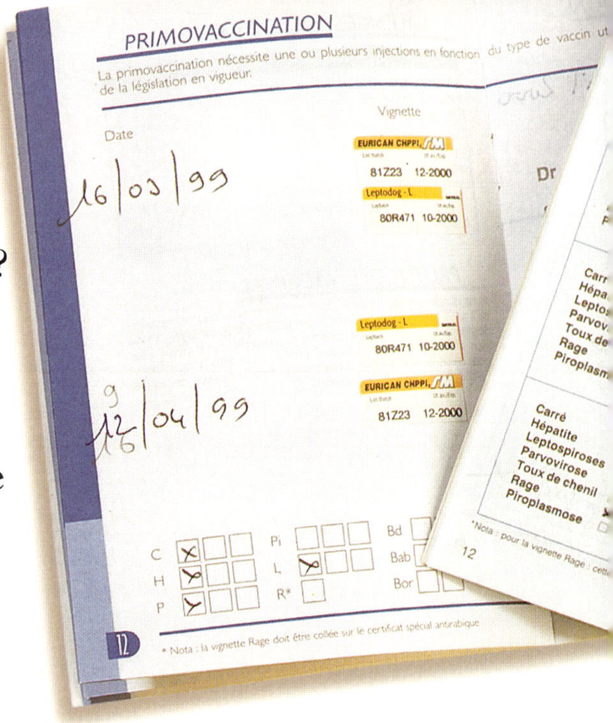

La maladie de Carré

Elle ne touche pas seulement les chiots, comme on le croit souvent, mais aussi les chiens de tout âge. Cette affection est très contagieuse et souvent mortelle. Aussi vérifie bien que la vaccination de ton copain est à jour.

La parvovirose

Apparue il y a une vingtaine d'années en France, elle connaît aujourd'hui une recrudescence et se traduit principalement par une très forte diarrhée avec du sang. Elle peut être fatale, surtout chez les jeunes chiens.

L'hépatite de Rubarth

Cette maladie contagieuse du foie a des conséquences graves : troubles de la vue, troubles digestifs... Heureusement, depuis quelques années, elle se fait de plus en plus rare.

Les leptospiroses

Maladies bactériennes appelées plus simplement « typhus » du chien, elles se transmettent par l'urine des rats déposée dans l'eau (étang, boue, caniveau...). Il en existe plusieurs formes très difficiles à soigner.

Quel prix ?

Les 5 vaccins combinés en une seule injection reviennent environ à 230 F avec la consultation vétérinaire. Ça peut paraître élevé, mais dis-toi que la santé et même la vie de ton chien méritent cet investissement.

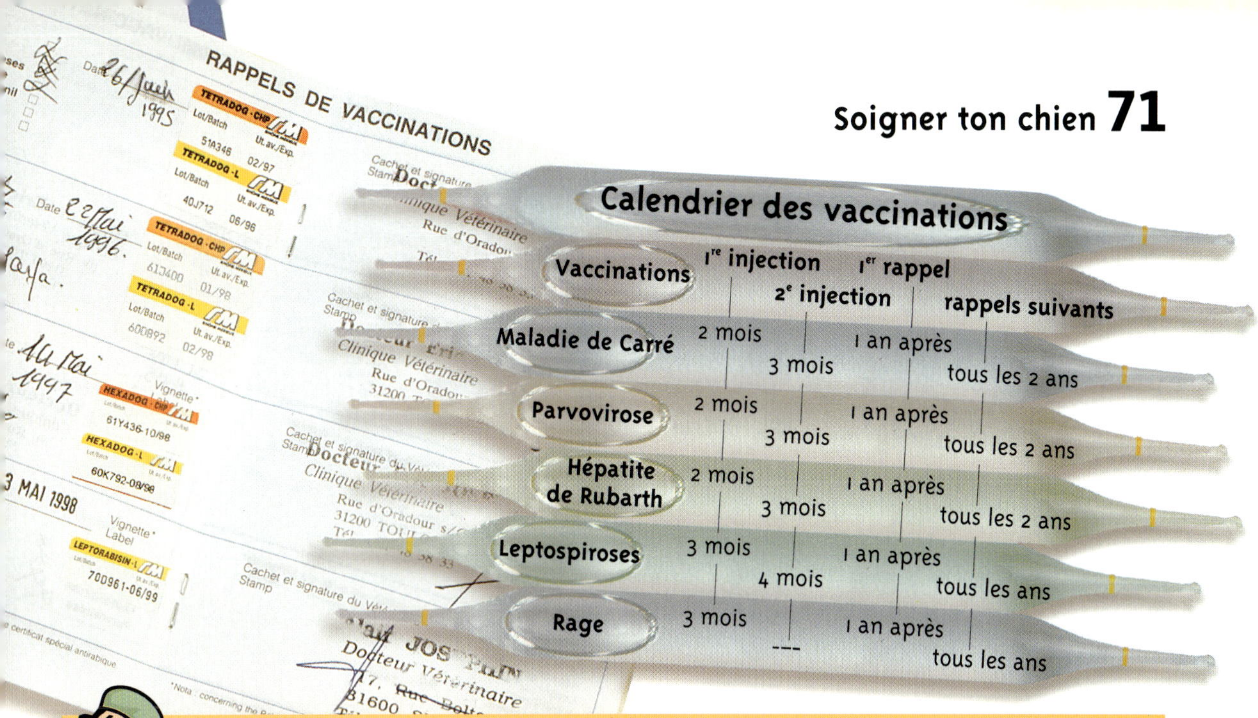

Calendrier des vaccinations

Vaccinations	1re injection	2e injection	1er rappel	rappels suivants
Maladie de Carré	2 mois	3 mois	1 an après	tous les 2 ans
Parvovirose	2 mois	3 mois	1 an après	tous les 2 ans
Hépatite de Rubarth	2 mois	3 mois	1 an après	tous les 2 ans
Leptospiroses	3 mois	4 mois	1 an après	tous les ans
Rage	3 mois	---	1 an après	tous les ans

Vérité sur la rage !

La rage fait peur. Bien des rumeurs courent à son sujet. Aujourd'hui, en Europe, les hommes ne meurent plus de la rage, comme au temps de Pasteur. Cette maladie contagieuse atteint essentiellement les mammifères sauvages (renard, chevreuil, écureuil, chauve-souris...) et aussi les animaux domestiques (chien, chat, mouton, vache, chèvre, cheval...).

La vaccination

Pas de panique mais pas de négligence non plus. Fais vacciner ton compagnon. C'est le meilleur moyen de le protéger. Au cours d'une balade à la campagne, il peut en effet se faire mordre par un chien, un chat ou un renard enragés. Et c'est par la salive que cette terrible maladie se transmet.

La législation

La vaccination antirabique est obligatoire dans 5 départements déclarés officiellement contaminés par la rage. Elle est également nécessaire pour séjourner dans les campings et pour aller en Corse ou à l'étranger.

Prévois les rappels à l'avance

Le certificat de vaccination (une feuille séparée avec une vignette collée dessus) n'est valable qu'un mois après la première injection du vaccin. Il doit être accompagné de la carte de tatouage pour prouver l'identité de l'animal. Pense ensuite à faire faire chaque année le rappel : il doit être effectué avant la limite de validité, au jour près !

Soins à domicile

Ton chien est malade. Le vétérinaire lui a prescrit un traitement. Mais soigner un animal n'est pas toujours facile. Voici comment t'y prendre.

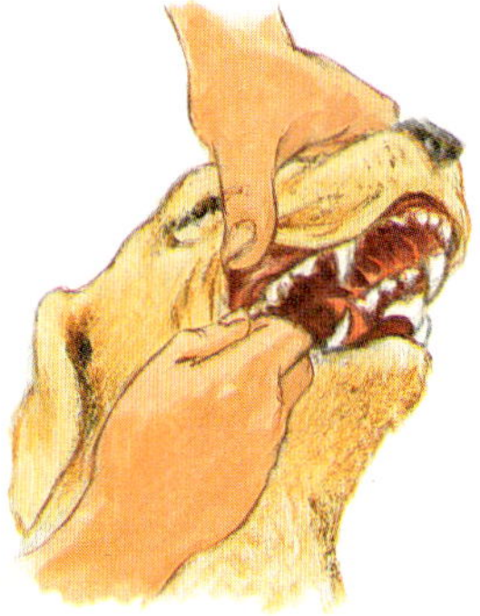

Faire avaler un comprimé

Sois rusé : cache-le dans une boulette de viande. Il est plus malin que toi ? Alors, ouvre-lui la bouche. Pour cela, presse de chaque côté ses lèvres supérieures contre ses dents. Dépose la gélule sur sa langue, au fond de la gorge.

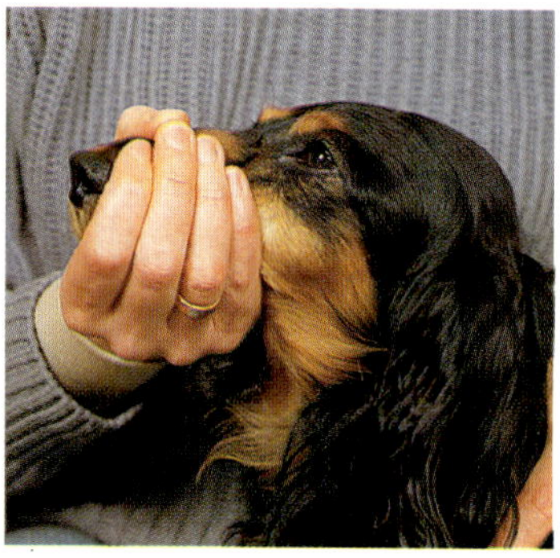

Il cherche à recracher un comprimé ? Maintiens quelques instants son museau fermé, en position horizontale : masse-lui doucement la gorge pour l'aider à l'avaler.

Donner un médicament liquide

Incline légèrement sa tête vers le haut. Tire un peu sur la commissure des lèvres pour former une poche. Puis verse petit à petit la dose prescrite ; avec un compte-gouttes ou une seringue (sans aiguille, bien sûr), c'est très facile.

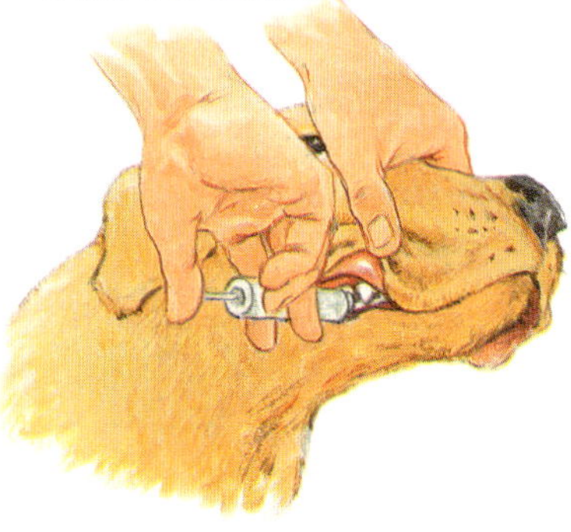

Une muselière de fortune

Ton chien a mal, il cherche à mordre quand tu le soignes ? Ferme-lui le museau avec un bas ou un ruban de tissu large. Fais un premier nœud plat sur le dessus du museau, un deuxième nœud en dessous de la mâchoire et un troisième derrière la nuque.

Vrais symptômes mais idées fausses

« Mon chien a la truffe chaude : il a de la fièvre. » Pas forcément ! Une atmosphère surchauffée (soleil, radiateur) dessèche aussi sa truffe. Vérifie plutôt sa température. Elle doit osciller entre 38 et 39 °C.

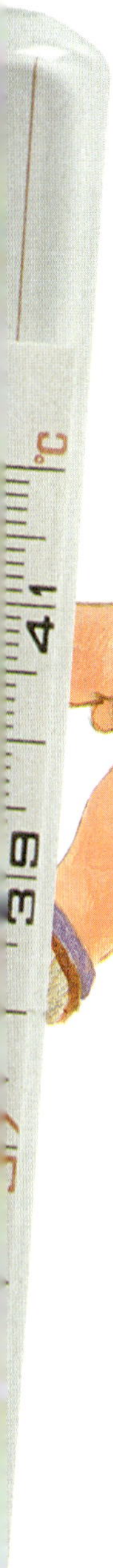

Mettre des gouttes dans les yeux...

Bloque la paupière supérieure avec ton index et abaisse la paupière inférieure avec ton pouce. De l'autre main, fais tomber lentement les gouttes, en faisant attention de ne pas toucher l'œil avec le bout du compte-gouttes. Dès que tu as fini, ferme-lui les paupières et masse doucement en rond pour bien diffuser le liquide. Répète l'opération 5 à 6 fois par jour.

... et dans les oreilles

Introduis dans le conduit la canule du flacon, verticalement vers le bas. Ne t'inquiète pas, tu ne lui perforeras pas le tympan car le canal auriculaire forme un coude à angle droit. Une fois le produit déposé, masse bien la base de l'oreille : les saletés vont se ramollir, se détacher et remonter à la surface. Puis, en secouant énergiquement les oreilles, le chien va les éliminer. Tu peux également nettoyer les croûtes avec un coton.

Faire une piqûre

Tu peux avec un peu d'entraînement pratiquer sans danger une piqûre sous-cutanée. Prépare d'abord la seringue, en faisant jaillir une goutte du liquide à l'extrémité de l'aiguille pour être sûr qu'il n'y a plus d'air dedans. Puis soulève et pince entre tes doigts un pli de la peau du dos, entre les deux omoplates de préférence. D'un coup sec, plante l'aiguille horizontalement. Attention, ne transperce pas les deux épaisseurs de peau ! Injecte lentement le produit. Puis d'un geste bref, retire l'aiguille. Roule ensuite la peau sous tes doigts pour favoriser la circulation du liquide. Et n'oublie pas de désinfecter la zone à l'alcool, avant et après la piqûre !

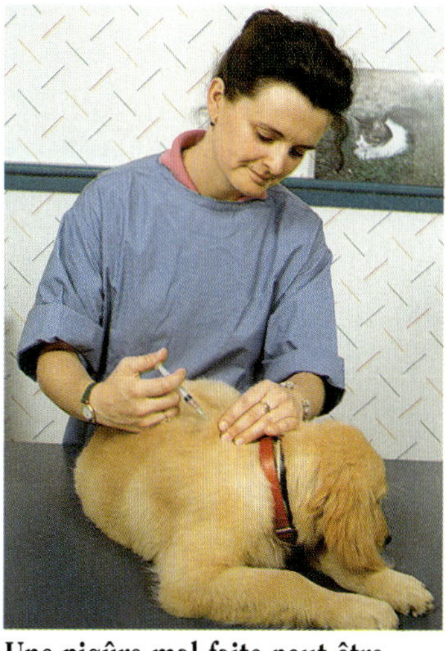

Une piqûre mal faite peut être dangereuse pour ton chien. Essaie d'abord avec un spécialiste.

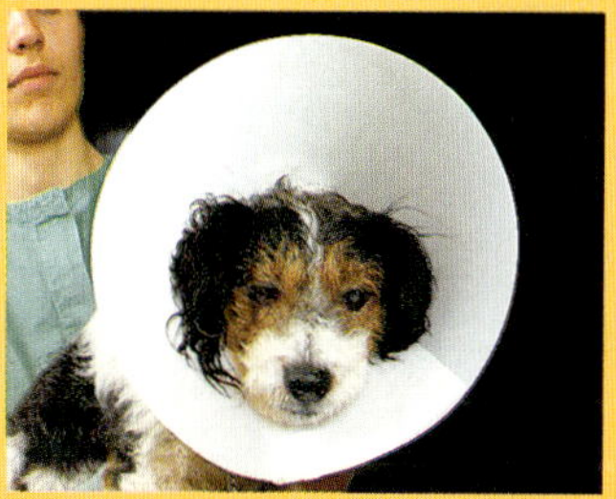

Collier élisabéthain : efficace !

S'il faut absolument éviter qu'il enlève son pansement ou qu'il lèche sa plaie, tu n'as pas le choix ! Mets-lui une collerette, autour de la tête (appelée aussi collier élisabéthain, car sa forme rappelle celle d'un col qui était à la mode du temps de cette reine). Tu en trouves de toutes faites chez le vétérinaire, mais tu peux aussi découper dans du carton un entonnoir adapté à son cou.

Les pièges de la campagne

Au printemps, tu pars jouer dans le jardin ou te promener avec ton chien. Mais la belle saison, c'est aussi le temps des petites bêtes qui s'accrochent ou piquent la peau de ton copain. Directement ou indirectement, ces parasites peuvent se montrer dangereux. Reste vigilant !

Insectes piqueurs

Ton chien est agacé, un insecte vole autour de lui. Il tente de le saisir en claquant les dents, mais l'abeille ou la guêpe a planté son dard sur son museau. Ne t'affole pas, même s'il hurle à la mort ! Essaie de retirer l'aiguillon avec une pince à épiler en t'y prenant calmement... Badigeonne ensuite l'endroit avec de l'eau vinaigrée, ou un peu de crème anti-inflammatoire. La douleur et l'œdème disparaîtront normalement en quelques jours.

Attention !

Si l'insecte l'a piqué dans la gorge, c'est beaucoup plus grave car l'enflure brutale peut entraîner l'asphyxie. Conduis-le d'urgence chez un vétérinaire.

Morsure de vipère

Une enflure presque immédiate, la trace de deux piqûres rougeâtres espacées de quelques millimètres... Il faut alors faire vite. Dans quelques heures, les symptômes seront alarmants : vomissements, syncope et difficulté à respirer. Inutile de poser un garrot, de sucer ou d'inciser la plaie : mieux vaut la désinfecter et porter d'urgence le chien chez le vétérinaire, sans le brusquer ni le faire marcher. Seul un spécialiste jugera s'il est possible de faire une injection de sérum antivenimeux : dans certains cas, celui-ci peut être aussi dangereux que le venin lui-même !

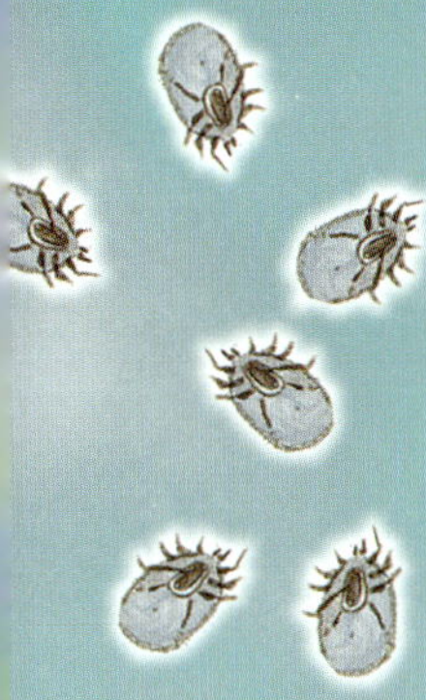

Tiques : danger !

La tique est le grand ennemi du chien, car elle transmet la piroplasmose, maladie qui peut être mortelle si elle n'est pas traitée à temps. Emmène ton chien chez le vétérinaire dès les premiers symptômes : fièvre, urine marron, muqueuses des babines et gencives blanchâtres.

Tactique pour ôter la tique

Si une tique a réussi à se planter dans le cou de ton ami, retire-la sans attendre. Il faut d'abord anesthésier la petite bête avec un coton imbibé d'éther puis, deux minutes après, saisir le parasite avec une pince à épiler, le plus près de la peau du chien et tirer doucement vers toi. Si la tête du parasite se rompt et reste accrochée sous la peau, ce n'est pas dramatique : il se formera un petit abcès qui disparaîtra rapidement.

Mieux vaut encore prévenir que guérir :

N'oublie jamais de renouveler son collier antitiques tous les 3 mois. Il existe bien un vaccin contre la piroplasmose, mais il n'est pas efficace à 100 % et coûte encore très cher : 370 F l'injection, avec 2 injections la première année plus un rappel tous les ans.

Puces, aoûtats et compagnie

Ton chien se gratte furieusement ?
Il a peut-être des puces ou encore des aoûtats (petits grains orangés, généralement sous les pattes). Colliers, aérosols, lotions, shampooings antiparasitaires en viendront à bout. Vaporise également le coussin de ton compagnon et le sol de la maison pour être sûr d'éliminer tous les parasites.

Pour protéger ton chien des parasites, vaporise-le, avant chaque sortie à la campagne, d'une poudre ou d'une lotion insecticides. Et au retour, passe-le au peigne fin !

Épillets accrocheurs

Ton chien adore courir dans les hautes herbes ? Attention aux épillets ! Ces petits épis secondaires des graminées mûres, s'accrochent aux poils de l'animal et peuvent pénétrer dans ses oreilles, son museau ou ses yeux. L'épillet s'infiltre partout et occasionne parfois des troubles très graves : abcès, perforations du tympan, du cerveau ou du poumon.

Qu'il soit d'orge, d'avoine ou de toute autre graminée, l'épillet se glisse dans tous les orifices : sa structure en harpon l'empêche d'en sortir.

Épiler l'épillet

Les chiens à poils longs ou bouclés sont bien sûr ses victimes favorites. Comment lutter ? Par un bon toilettage et une inspection soigneuse après chaque balade dans les champs. Si tu trouves un épillet, retire-le tout de suite avec une pince à épiler. Ton chien éternue violemment, lèche ses pattes, penche la tête d'un côté ou se gratte fréquemment l'oreille ? L'épillet a déjà fait du chemin : consulte rapidement un vétérinaire.

Attention, poison !

Dans le jardin ou dans le garage, fais attention de ne jamais laisser traîner aucun produit toxique : tue-limaces, mort-aux-rats, insecticides, allume-barbecue, antigel... Ton chien est un glouton, et sa curiosité lui ferait avaler n'importe quoi !

En cas d'ingestion accidentelle...

Si l'accident s'est produit, les premiers symptômes apparaîtront rapidement : le chien se met à saliver, il vomit, tremble et a la diarrhée. Pas de panique, mais il faut agir très vite. Recherche d'abord le produit en cause, pour l'indiquer au centre antipoison ou au vétérinaire à qui tu dois téléphoner immédiatement. Surtout, ne prends jamais l'initiative de lui donner du lait ou un purgatif : tu risquerais d'aggraver les choses...

Le chien et l'eau

Tous les chiens savent nager et la plupart adorent l'eau. Mais si le tien a un peu peur, inutile de le forcer ! Incite-le plutôt à jouer au bord des vagues ; peu à peu, il s'enhardira et finira par te rejoindre là où il n'a pas pied...

- Si ton chien est très âgé ou très jeune, évite les bains glacés.
- Et s'il souffre d'eczéma ou d'otite, empêche-le de se baigner pour ne pas aggraver les choses.

Avant la baignade, n'oublie pas de lui enlever son collier antipuces. Et quand il sort, passe ton chien sous la douche pour éliminer de sa peau toute trace de sel et de sable.

- De toute façon, ne l'entraîne jamais loin du rivage. Fatigué, il va s'affoler et s'accrocher à toi, quitte à vous faire couler tous les deux !
- Ne le laisse pas non plus plonger d'une rive abrupte. Incapable de remonter sur la berge, il pourrait se noyer.
- Il adore aller chercher un objet lancé dans les vagues ? N'abuse pas trop de ce petit jeu : il risque d'avaler beaucoup d'eau salée et d'attraper une sérieuse diarrhée.
- De même, l'habitude de creuser des trous dans le sable peut lui créer des troubles digestifs allant jusqu'à l'occlusion intestinale.
- Le sel et le sable irritent ses yeux exactement comme les tiens. Quelques gouttes de collyre soulageront une légère inflammation.

À la neige

Qu'il ait un poil long ou court, le chien n'est en général pas frileux, à condition qu'il puisse s'ébattre librement pour se réchauffer !

- S'il y a de la neige au-dehors, laisse-le se rouler dedans tant qu'il veut, mais empêche-le d'en manger pour éviter une diarrhée.
- Protège-lui aussi les pattes avec de la vaseline ou une pommade grasse à base de vitamine A, pour éviter que le sel répandu sur la chaussée ne les brûle.
- Coupe également les poils entre ses coussinets ; de petits glaçons pourraient s'y former et le blesser.
- Enfin, les sports d'hiver lui creusent autant l'appétit que toi : donne-lui une nourriture plus riche en calories pour l'aider à lutter contre le froid.

Au retour d'une partie de boules de neige, frictionne ton ami avec une serviette-éponge et rince-lui soigneusement les pattes.

La reproduction

Tu aimerais tant que ta chienne ait des bébés... Mais réfléchis bien ! Une petite famille de 5 ou 6 chiots, c'est un tableau attendrissant, mais aussi beaucoup de soucis !

D'instinct, la mère amène ses chiots au contact des mamelles. C'est très important, car les premiers jours, c'est du colostrum qui coule des tétines : un liquide riche en protéines et en anticorps.

Le mariage

Entre 7 et 15 mois, selon sa race, ta chienne va perdre des gouttes de sang. Ne t'inquiète pas ! C'est ainsi que commencent ses chaleurs qui vont durer 3 semaines. Et ceci tous les 6 mois. Mets-lui une petite culotte périodique pour éviter qu'elle ne tache la moquette et n'attire tous les mâles du quartier.

Chienne et chiot de même race.

Un peu de patience

Il vaut mieux attendre que ta chienne atteigne l'âge de 2 ans pour lui présenter un « amoureux ». Choisis-le de la même race qu'elle : leurs jolis bébés auront plus de chance de trouver un maître. Sinon, que faire des petits ?

Quand ?

Le moment le plus sûr pour que l'accouplement réussisse se situe entre le 10e et le 14e jour après le début des chaleurs. Laisse aux fiancés le temps de faire connaissance. Et quand ils s'accoupleront, ne cherche pas à les séparer, tu pourrais les blesser.

Le mâle s'assure que la femelle est en chaleur, donc fécondable.

Deux mois plus tard...

Au début de la grossesse, tu ne t'aperçois de rien à moins de consulter un vétérinaire. Les petits ne sont pas encore assez gros dans le ventre de leur mère (celui-ci ne s'arrondit qu'un mois plus tard). Donne-lui alors davantage à manger : une fois et demie de plus que d'habitude, en deux repas.

L'accouchement

Tu ne veux pas manquer le jour (ou plus souvent la nuit) de l'accouchement. Il y a des signes qui ne trompent pas. La chienne est inquiète, surtout si c'est la première fois : elle tourne en rond et cherche un coin abrité. Il est temps de lui préparer un nid douillet, propre et bien au chaud. Prends aussi sa température : la veille de l'accouchement, elle tombe de 38,5 à 37 °C. Et regarde ses mamelles, elles sont toutes gonflées de lait.

La naissance

Au début de l'accouchement, la chienne commence par perdre le liquide de la poche des eaux qui contient le petit. Son ventre se contracte de plus en plus fort. Mais tu ne vois toujours rien ! Sois patient, cela peut durer assez longtemps. Reste à côté d'elle et donne lui à boire. Ça y est, le voilà, il pointe sa tête ! Il est même enveloppé dans une poche transparente. Laisse faire la nature.

Naissances en série

La mère s'occupe de tout et elle n'aime pas beaucoup que tu tripotes son petit. Elle va le sécher à grands coups de langue, couper le cordon ombilical avec ses dents et manger le placenta. Même avec les yeux fermés, le bébé a vite fait de trouver une mamelle. Au suivant ! 10, 30 minutes, parfois une heure peuvent s'écouler avant la deuxième naissance. Et ainsi de suite jusqu'au dernier. Quel travail épuisant de mettre au monde des bébés, surtout s'ils sont 12 ou davantage encore...

Blottis contre leur mère, ces deux adorables chiots tètent pour satisfaire leur appétit d'ogre.

Les nouveau-nés

Tu es déçu, ils dorment toute la journée et ne se réveillent que pour téter. Attends qu'ils aient au moins 15 jours : ils vont ouvrir leurs yeux bleus et commencer à entendre. 8 jours plus tard, ils font déjà leurs premiers pas en titubant et leurs dents de lait poussent. Occupe-toi de leur mère : elle a besoin de reprendre des forces et elle mérite double ration !

Une vie de célibataire

Ta famille ne souhaite pas que ta chienne ait des petits. Alors surveille-la bien pendant ses chaleurs. Les chiens sont capables des pires ruses pour lui faire la cour. Pour eux, la saison des amours dure toute l'année. Tu peux aussi faire stériliser ta chienne. Le vétérinaire lui enlèvera les ovaires (ovariectomie). Mais ensuite elle risque de prendre de l'embonpoint. La « pilule » existe également, mais ce n'est pas vraiment conseillé pour sa santé. En tout cas, passé l'âge de 7 ans, il vaut mieux qu'elle n'ait plus de petits : ce serait trop fatigant pour elle.

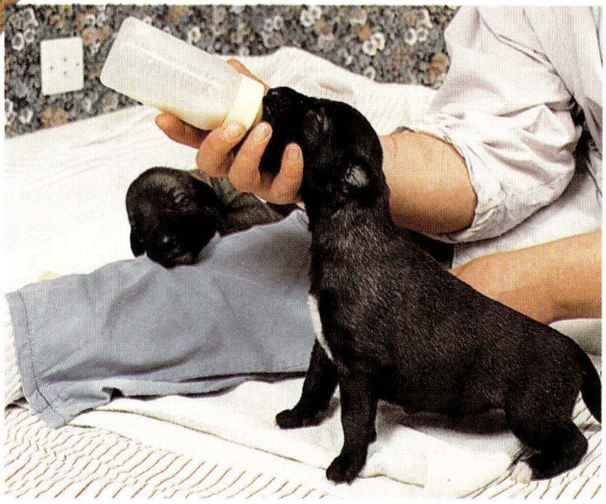

Pour remplacer sa mère, tu dois lui donner jusqu'à 8 biberons par jour. Heureusement, à l'âge de 15 jours, il pourra laper le lait dans une soucoupe.

Voyag

er

Des vacances réussies avec ton chien, même à l'étranger ? Un ensemble de questions que tu dois résoudre avant le départ pour éviter les mauvaises surprises... Renseigne-toi à l'avance, car l'animal doit montrer patte blanche.

avec ton chien

En voiture...

Pour ton chien, la voiture est comme une seconde maison roulante. Quand il entend le moteur ronronner, c'est souvent une balade en perspective. Alors, ne le déçois pas !

Attention au coup de chaleur !

Trop souvent hélas, les passants doivent faire appel aux policiers pour briser une vitre et sauver un chien laissé dans une voiture stationnée en plein soleil. Une telle inconscience est inadmissible !

À ne pas oublier :

• Si tu dois vraiment laisser ton chien à l'intérieur, la voiture doit être garée à l'ombre et les vitres laissées entrouvertes pour faire circuler un courant d'air.

• En été, même sous un ciel nuageux, la voiture devient vite un véritable four. En une demi-heure, la température peut dépasser les 50 °C. Pense aussi que le soleil change de place !

Lui trouver une bonne place

Réserve-lui une place entière, ne le coince pas entre les valises comme un simple bagage : il doit pouvoir dormir et se retourner à son aise. Il voyagera en général à côté de toi, sur la banquette arrière. Jamais sur les genoux ou sous les pieds du conducteur : c'est imprudent !

Une séparation

S'il est turbulent ou trop encombrant, mieux vaut le séparer des autres passagers par un filet ou une grille de protection, pour éviter par exemple qu'il saute sur le conducteur ! Ton chien est si petit qu'il adore se nicher sur la plage arrière ? Pratique quand l'habitacle est déjà bien rempli. Mais attention, à cet endroit le soleil tape dur, et un coup de frein brutal risque de le projeter en avant.

Pas dans le coffre

Évite absolument de l'enfermer dans le coffre, même si celui-ci est aménagé avec une grille d'aération ou un ventilateur. Dans cet espace obscur et bruyant, il peut céder à la panique : mets-toi à sa place ! Ne tombe pas non plus dans le ridicule en faisant porter à ton compagnon une ceinture de sécurité. S'il reste un moment seul dans la voiture, vérifie que tu lui as bien retiré sa laisse. Il pourrait en remuant l'entortiller, par exemple autour du levier de vitesse, et s'étrangler !

Précautions à prendre

Un déplacement en voiture avec ton chien peut se transformer en cauchemar (vomissements, aboiements, etc.). Il importe donc de prendre des précautions pour qu'un voyage reste un plaisir pour tous.

Mal du transport

Ton chien est nerveux et parfois malade en voiture : laisse-le à jeun depuis le matin. Si c'est nécessaire, demande en plus à ton vétérinaire un médicament à prendre avant le départ pour prévenir les malaises. Pendant le trajet, donne-lui de l'air, mais pas trop. Ne lui laisse pas passer la tête par la vitre ouverte pour renifler le vent : il risque d'arriver à destination avec une conjonctivite, une otite ou une rhinite...

Faire des pauses

Sur un long parcours, ton copain a besoin comme toi de se désaltérer régulièrement et de se dégourdir les pattes. Demande au conducteur de faire une halte toutes les deux heures, dans un endroit le plus calme possible. Tant pis pour le temps perdu !

Trop vite dehors !

Attention à l'ouverture des portières sur le bord de la route ! Pour éviter qu'il se précipite, attache la laisse de ton chien avant de le laisser sortir de la voiture.

Dernier conseil

Apprends-lui à rester calme. Rien de plus énervant qu'un chien qui aboie pendant tout le voyage. D'ailleurs, de son comportement et de son confort dépend aussi la sécurité de toute la famille.

En vacances

C'est décidé, ton copain part avec toi en vacances ! Mais quel que soit l'endroit où tu l'emmènes, n'oublie jamais le « savoir-vivre » indispensable à la vie en commun...

À l'hôtel

Trouver un hôtel lorsqu'on est accompagné d'un chien, ce n'est pas toujours facile. Certes, tu auras plus de succès si ton ami est de petite taille. Mais attention, certains établissements demandent un supplément exorbitant pour ce service ! Choisis plutôt un motel : c'est pratique, les chambres donnent directement à l'extérieur. Ce n'est bien sûr pas une raison pour laisser ton chien faire des trous dans les plates-bandes, ou lever la patte sur les jardinières de fleurs...

Une jardinière bien tentante !

Se faire bien voir !

Quelques gestes simples peuvent rassurer les hôteliers :

- Apporte avec toi la « literie » de ton compagnon.
- S'il est mouillé et crotté, ne le monte pas directement dans ta chambre, sèche-le d'abord soigneusement (mais pas avec les serviettes de l'hôtel !).

- Ne le laisse pas seul dans ce lieu inconnu. Il pourrait gêner les voisins en aboyant, ou faire un maximum de dégâts en un minimum de temps.
- Si quelque ennui venait à se produire, préviens aussitôt le personnel : on peut toujours arranger les choses à l'amiable. Surtout, ne file pas à la sauvette : c'est le meilleur moyen pour que l'établissement refuse ensuite toutes les personnes accompagnées d'un animal !

Camping canin.

En camping

Si tu campes, tu connaîtras moins de problèmes : beaucoup de terrains de camping acceptent les chiens. D'ailleurs, il paie souvent sa place. Une seule condition imposée par la loi : il doit être tatoué et vacciné contre la rage. Ces papiers sont également exigés dans tous les centres de vacances et pour l'entrée en Corse. Si tu veux te faire des amis, ne laisse pas ton chien vadrouiller n'importe où sur le terrain. Fais-lui aussi faire ses besoins à l'extérieur du camping, pour le bien-être de tout le monde.

Au restaurant

À l'heure du déjeuner, pas question de laisser le chien seul dans la voiture. Il fait trop chaud ! Arrête-toi de préférence dans un restaurant avec une terrasse. Sois diplomate aussi : mieux vaut demander gentiment la permission, plutôt que d'imposer la présence de ton ami. Fais coucher l'animal sous la table ou sous ta chaise. Au besoin attaches-y sa laisse suffisamment court, pour qu'il ne gêne ni le service, ni les voisins de table.

Où se renseigner ?

Un hôtelier sur sept seulement accepte les chiens. C'est peu ! Alors, mieux vaut connaître ces établissements « amis des animaux » avant de partir.

• Le guide Saint-Roch

Éditions Céji-Nord
927, rue du Général-Leclerc
60170 Carlepont-Ribécourt

Tu y trouveras les hôtels et les restaurants acceptant les animaux, les plages et les campings autorisés aux chiens et la liste des vétérinaires... (70 F + 20 F frais d'envoi.)

• Interhome

15, avenue Jean-Aicard
75011 Paris

Interhome édite des guides gratuits sur les hôtels de vacances et logements à louer en France, Autriche, Suisse, Espagne, Italie, Hongrie, Yougoslavie, Allemagne, Belgique, aux Pays-Bas, aux États-Unis. Pour chaque location, il est précisé si les animaux sont acceptés.

• Guide Michelin, guide Hachette France

Le traditionnel guide Michelin mais aussi le guide Hachette France indiquent, d'une tête de chien barrée, les hôtels interdits à ton compagnon. Toutefois, renseigne-toi avant de réserver (en cas de changement de propriétaire depuis la parution du guide).

• La Confédération de la société protectrice des animaux de Lyon

25, quai Jean-Moulin
69002 Lyon

Elle envoie, contre la somme de 10 F, une liste de plages et campings autorisés aux chiens.

En montagne

Tu pars en randonnée en altitude ? Pour te suivre, ton chien doit être en pleine forme : ni trop jeune, ni trop âgé et ne présenter aucun problème cardiaque ou respiratoire. Les premiers jours, prévois des excursions pas trop difficiles, le temps que ses coussinets se durcissent. Pour les protéger contre les pierres coupantes, enduis-les d'une pommade à base d'oxyde de cuivre.

Une belle complicité.

Faut-il l'habiller ?

Ton chien grelotte et éternue dès les premières gelées ? Cela peut arriver s'il vit dans un appartement bien chauffé et ne sort l'hiver que pour faire ses besoins. Alors si sa fourrure naturelle ne lui suffit pas, enfile-lui donc une petite laine. Même s'il n'apprécie pas toujours cet accoutrement, le ridicule n'a jamais tué personne !

Parcs nationaux

Dommage, tu ne pourras pas te balader avec ton chien dans les parcs nationaux, réservés seulement aux animaux sauvages. C'est normal, il risquerait de les déranger. Mais la nature est belle partout, quand on est deux pour l'apprécier !

À la plage

De nombreuses municipalités interdisent catégoriquement l'accès des plages aux animaux. D'autres sont plus conciliantes : elles autorisent les chiens tenus en laisse, ou même en liberté sur certains coins retirés de la plage, ou encore à des heures précises de la journée. Généralement avant 9 heures et après 19 heures. Ne fais pas la tête : c'est le moment pour jouer sur la plage avec ton compagnon. Car en pleine chaleur, lui aussi risque d'attraper des coups de soleil sur le nez !

Les chiens supportent mal la chaleur, car ils transpirent uniquement en haletant et non pas, comme toi, par les pores de la peau.

Nager à côté de son maître et jouer sur la plage, quel bonheur !

Vive les chiens !

Lis cette affichette apposée sur la porte d'un hôtel d'une station balnéaire de Hollande : « Les chiens sont les bienvenus dans cet établissement, car :

- ils n'essuient pas leurs chaussures sur les rideaux,
- ils ne collectionnent pas nos cuillères à thé,
- ils n'emmènent pas nos draps et nos serviettes,
- ils ne font pas pipi dans nos lavabos et nos bidets,
- ils nous amènent seulement des clients agréables... »

90 Copain des chiens

Halte, frontière !

Nombreux sont les pays qui ouvrent leurs frontières à nos amis les chiens. Un bon conseil : deux mois avant de partir, renseigne-toi à auprès du consulat du pays visité.

Petit lexique anglais en cas d'urgence :

• Où habite le vétérinaire le plus proche ?	*Do you know where I can find a vet for my dog ?*
• Où se trouve la clinique vétérinaire la plus proche ?	*Where's the nearest veterinary surgery ?*
• C'est urgent !	*It's an emergency !*
• Y a-t-il une permanence vétérinaire la nuit et le dimanche ?	*Is the veterinary surgery open all night and on sundays ?*
• Cet hôtel (ou ce restaurant) accepte-t-il les chiens ?	*May I stay in this hotel (or in this restaurant) with my dog ?*
• Y a-t-il des repas prévus pour eux ?	*Do you feed dogs in this hotel ?*
• J'ai égaré mon chien, où puis-je m'adresser pour le récupérer ?	*I lost my dog, where could I call to get him back ?*
• Attention à mon chien, il n'aime pas qu'on le caresse.	*Beware of my dog, he doesn't like being petted.*
• Vendez-vous des aliments pour chiens ? Où puis-je en trouver ?	*Do you sell pet food ? Where can I find some pet food ?*

Vos papiers s'il vous plaît !

Même si tu peux aujourd'hui voyager en Europe en oubliant presque les frontières, ton chien a besoin de certains papiers pour passer d'un pays à l'autre :

- le carnet international de vaccination, traduit en plusieurs langues, est obligatoire ;
- le vaccin antirabique est doublement indispensable.

Il est exigé partout et même pour le retour en France. Il ne doit pas dater de moins de 30 jours et de plus de 12 mois (20 jours et 11 mois pour l'Italie).

Selon les pays...

Les vaccinations contre l'hépatite, la leptospirose, la parvovirose sont conseillées, sinon obligatoires. Certains pays exigent un certificat de bonne santé datant de moins de 2 jours. D'autres encore demandent une licence d'importation ou une autorisation officielle d'entrée sur le territoire. Une visite sanitaire à la douane peut également être imposée. Aussi, vérife bien avant ton départ les formalités à accomplir pour chaque pays de destination.

Même caché dans un sac, le petit chihuahua doit montrer patte blanche... et ses papiers !

En quarantaine !

Certains pays imposent aujourd'hui encore une quarantaine de 4 à 6 mois, même s'il est question de la lever dans les années à venir. Le prix de la pension est généralement très élevé et, de toute façon avec de tels délais, inutile d'emmener ton copain s'il ne s'agit pas d'un déménagement définitif...

Admission

Les conditions d'admission peuvent être modifiées d'une année sur l'autre. En cas d'épidémie, certaines vaccinations sont exigées.

« Rien à déclarer ? » Pas facile quand on est si gros de passer inaperçu !

Sur l'eau, en l'air ou sur les rails...

Quel que soit le moyen de transport utilisé, ton chien trouvera toujours une place. Mais mieux vaut s'y prendre à l'avance, et bien se renseigner sur les conditions d'admission.

Transport aérien

Si ton chien pèse moins de 5 kg, il ne prend pas beaucoup de place et peut loger dans un sac. Avec l'accord du commandant de bord, il a des chances de rester en cabine avec toi. Si c'est un gros toutou, il devra voyager en soute pressurisée, dans une cage conforme à des normes de sécurité bien précises. Si c'est le cas, donne-lui un calmant avant le départ pour atténuer l'angoisse du transport.

Au poids !

Préviens à l'avance la compagnie aérienne en indiquant ta destination et la taille de ton compagnon. Les tarifs varient suivant les compagnies : on te réclamera soit une somme forfaitaire, soit un prix au kilo correspondant à celui de l'excédent de bagages pour les vols internationaux.

Voyages ferroviaires

Là encore, mieux vaut posséder un chien de petite taille : essaie de coucher un saint-bernard à tes pieds dans les nouveaux wagons ! Si c'est possible, attache-le près du casier à bagages, sinon conduis-le de temps en temps dans l'espace près des portes. Il a également accès au compartiment si aucun voyageur ne s'y oppose. Le port de la muselière est en principe obligatoire mais rarement exigé.

« Votre billet, s'il vous plaît. »

La SNCF pratique en France un prix de 31 F pour les chiens de moins de 6 kg maintenus dans un panier ou un sac. Les autres paient 50 % du tarif du billet de seconde classe. Aucun chien n'est admis dans le wagon-restaurant sauf les chiens-guides d'aveugle, pour lesquels le transport est gratuit.

Transports urbains

Ton chien peut utilisser les transports en commun avec toi s'il ne prend pas trop de place. Pour les grands, il faut se faire… petits !

- Dans un sac ou un panier, ton petit compagnon peut voyager gratuitement sur toutes les lignes de métro et d'autobus mais les seuls chiens de grande taille acceptés sont les chiens-guides d'aveugle.
- Dans le RER, les chiens encombrants, qui ne tiennent pas dans un sac, peuvent voyager, en laisse et muselés, avec un billet demi-tarif.

Taxi

À toi de trouver un chauffeur qui apprécie les chiens ! Mais il existe aussi des taxis spécialisés, dont ta mairie pourra te fournir les coordonnées.

Navigation

Un chenil est en général prévu pour accueillir les chiens des voyageurs, tandis que les petits gabarits sont tolérés en cabine. Mais dans tous les cas, n'oublie pas que ton copain peut aussi être victime du mal de mer ! À bord des car-ferries, pour des trajets assez courts, ton chien peut rester dans la voiture.

Se renseigner d'abord

Les tarifs et les conditions varient d'une compagnie maritime à une autre. Aussi, avant de prendre ton billet sur un bateau, n'hésite pas à téléphoner pour te renseigner.

Les tarifs, souvent raisonnables, varient en fonction de la destination, de la durée de la croisière et de son standing.

Une pension bien tenue.

Partir sans lui

Quel drame ! Tu ne peux pas emmener ton chien en vacances avec toi. Tes copains partent aussi, personne ne peut le garder. Reste alors la pension, à condition de ne pas confier ton compagnon les yeux fermés à n'importe quel établissement.

Choisir la bonne pension

Réserve sa place longtemps à l'avance, car les meilleures pensions affichent « complet » 6 mois avant l'été. Visites-en plusieurs, sans hésiter à être curieux : les box sont-ils spacieux, propres et bien aérés ? Si tu arrives à l'heure du repas, profites-en pour inspecter le menu. Et si l'employé caresse les chiens, c'est bon signe...

Précautions

Si tu en as l'occasion, enquête un peu dans le voisinage : les box individuels qu'on t'a montrés au printemps sont peut-être surpeuplés pendant l'été !

Conditions d'admission

Les pensions sérieuses exigent un carnet de vaccination à jour, la carte de tatouage et parfois un certificat de bonne santé. En échange, demande un reçu pour les arrhes versées et une attestation de prise en charge, avec la date de placement, ton nom, la description de l'animal et son numéro de tatouage.

Son doudou…

Dans la valise de ton compagnon, glisse quelques objets familiers, sa couverture ou son panier et un de tes vieux pulls : il se sentira moins seul en flairant ton odeur. Bien sûr, tu prendras de temps en temps de ses nouvelles. Mais en cas de problème, laisse aussi un numéro de téléphone : le tien, celui d'un ami ou de ton vétérinaire.

Ne sois pas trop triste de le quitter un moment. Pense à tous ces chiens lâchement abandonnés… Lui, il part en colonie de vacances !

Quel prix ?

Les tarifs varient entre 50 F et 150 F par jour selon la région, la taille du chien et les prestations offertes : box individuel chauffé, parc, promenades… Mais attention : les pensions les plus chères (région parisienne et Côte d'Azur) ne sont pas forcément les meilleures… Si ton chien en a besoin, les frais médicaux seront à ta charge, mais doivent être justifiés par une ordonnance.

Autres solutions

En raison du manque de place dans les établissements agréés, d'autres solutions de gardiennage sont tolérées par les autorités :

Le gardiennage à domicile

Des retraités, regroupés en agence, viennent chez toi s'occuper de tes plantes vertes et de ton chien, ou encore le prennent en pension chez eux. C'est plutôt sympathique.

La « bourse aux échanges »

M. Durand garde le chien de M. Dupont en juillet, et inversement en août. Mais là encore, prudence ! Tâche de connaître le caractère et les habitudes des personnes à qui tu confies ton précieux compagnon.

Quelle que soit la solution retenue, adresse-toi à la Société protectrice des animaux ou à l'association Assistance aux animaux, qui possèdent des listes avec les coordonnées des personnes à contacter.

Tatoue ton toutou !

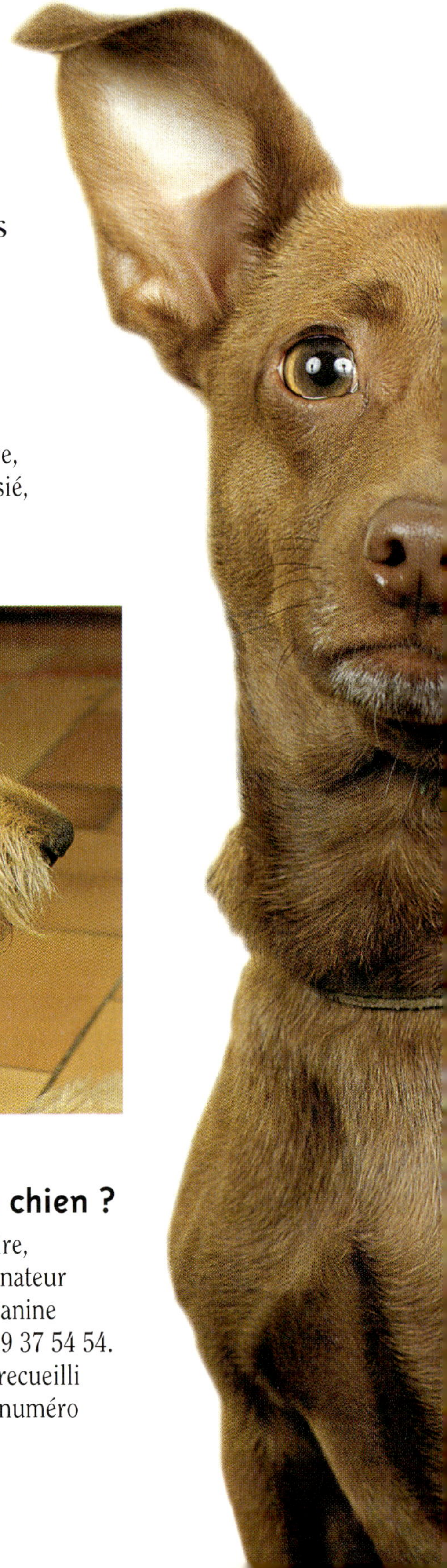

Les vacances, c'est l'évasion pour tous. Pour ton chien aussi ! Mais s'il lui arrive de faire une fugue et qu'il ne connaît pas les lieux, il doit absolument être tatoué pour que tu puisses le retrouver.

Chien tatoué, chien retrouvé

Le tatouage, c'est la carte d'identité de ton chien. Une question de vie ou de mort : ramassé par la fourrière, un animal tatoué est gardé 8 jours avant d'être euthanasié, au lieu de 4 s'il ne l'est pas. Cela peut te faire gagner un temps précieux, s'il se perd pendant les vacances.

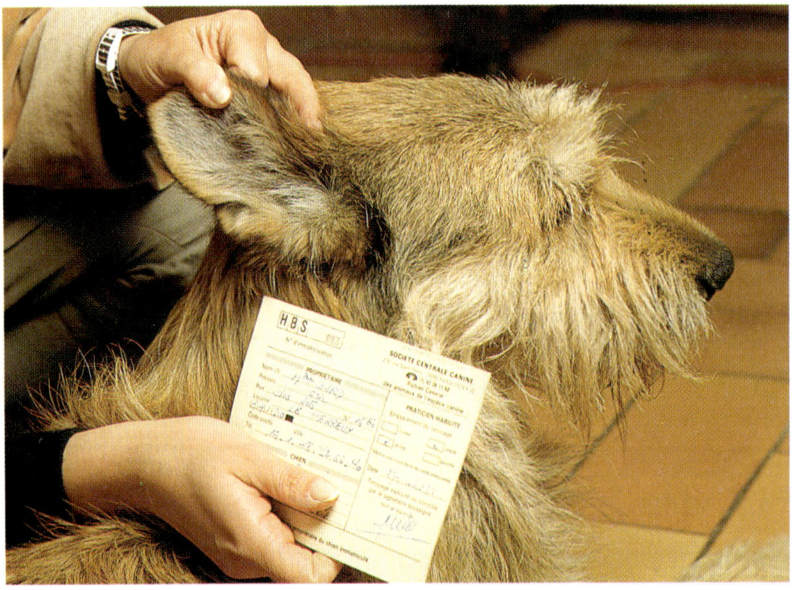

« Dis-moi ton numéro, je te dirai qui tu es... »

Incontournable

Si tu habites dans un département où sévit la rage, ton chien ne te sera rendu que si tu présentes son certificat de vaccination avec sa carte de tatouage. L'un ne va pas sans l'autre !

Tu as perdu ton chien ?

La première chose à faire, c'est d'interroger l'ordinateur de la Société centrale canine en téléphonant au 01 49 37 54 54. Quelqu'un a peut-être recueilli ton ami et signalé son numéro au fichier central.

Le numéro (3 chiffres et 3 lettres) est inscrit à l'encre indélébile, à l'intérieur de la cuisse ou de l'oreille.

La recherche

Alerte le commissariat, la mairie, le vétérinaire, le refuge ou la fourrière les plus proches. Place des affichettes chez les commerçants, aux arrêts de bus… sans oublier de promettre une forte récompense. Tu peux également passer une annonce dans la presse ou sur les radios locales.

Une puce pour un chien

Actuellement, plus de 7 millions de chiens sont tatoués en France. Cette mesure est obligatoire depuis 1989, mais l'identification au moyen d'une puce électronique devrait bientôt remplacer le tatouage. Elle permettra de stocker plus d'informations telles que les vaccinations et le dossier médical.

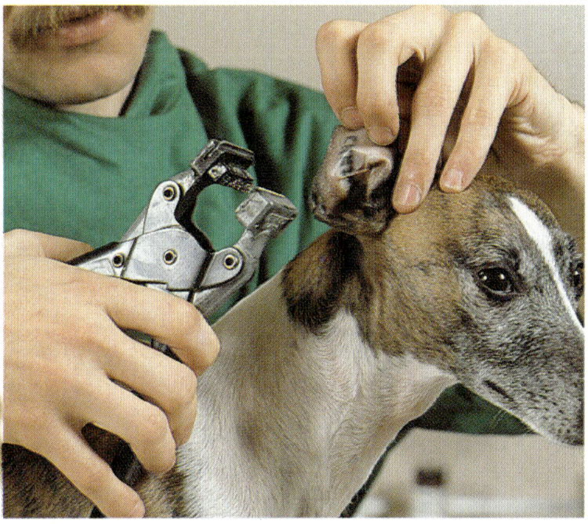

Qui tatoue ?

C'est le vétérinaire ou un tatoueur agréé. Le premier utilise de préférence le dermographe, sous anesthésie générale. Le second emploie la pince à tatouer, qui ne demande qu'une insensibilisation locale.

Le tatouage de l'oreille se fait à l'aide d'une pince.

La Société centrale canine

N'oublie pas d'envoyer un volet de la carte de tatouage à la Société centrale canine, pour qu'elle puisse enregistrer son numéro sur le fichier central. Et si tu changes d'adresse, n'oublie pas de le signaler à la SCC !

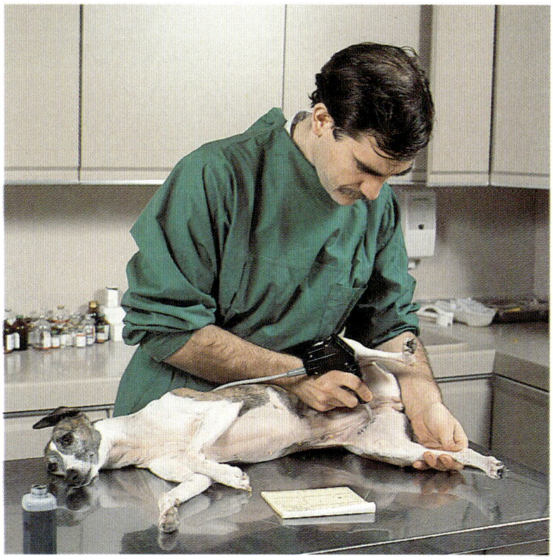

Le dermographe est un appareil qui fait vibrer un faisceau d'aiguilles et contient un réservoir d'encre. Il se manie comme un stylo !

Au s

ervice de l'homme

Le chien fut longtemps utilisé comme source d'énergie à bon marché comme l'âne ou le cheval. Aujourd'hui, on exploite encore sa force, mais surtout son flair ultrasensible, et sa grande faculté d'apprentissage...

Chien de sauvetage en mer

Sur la plage, un gros nounours noir est de garde au poste de secours, à côté de son maître. Tu peux aller te baigner en toute sécurité. Ce terre-neuve a son brevet de sauvetage, il n'hésitera pas à sauter à l'eau si tu te trouves en difficulté. Pas de panique : accroche-toi simplement à ses poils !

Fait pour nager

Peu de chiens sont aussi adaptés à l'eau que le terre-neuve : son pelage long et épais et son sous-poil huileux lui permettent de retenir l'air, de mieux flotter et de résister à un séjour prolongé dans l'eau froide. Une membrane entre ses orteils lui permet aussi de nager plus vite ! Il est à l'aise et possède tous les atouts pour devenir un maître sauveteur.

Un sacré caractère !

Doué pour la natation, le terre-neuve n'est pourtant pas un élève modèle. De caractère indépendant, têtu parfois, il ne se prête pas de bon cœur aux exercices d'obéissance. Il faut lui présenter la leçon comme un jeu, en le mettant à l'eau dès l'âge de 4 mois pour développer son endurance. Mais attention, ce chien connaît mal ses limites : il est capable de nager jusqu'à l'essoufflement pour faire plaisir à son maître !

Un apprentissage en douceur

Rien de plus naturel chez lui que de rapporter une bouée, un gilet de sauvetage ou une pagaie perdue. Puis en quelques séances, le terre-neuve apprend à tirer par le bras un mannequin jeté à l'eau. Le scénario se complique quand la poupée est remplacée par un volontaire qui simule la noyade en faisant de grands gestes. L'animal doit alors maîtriser sa force pour saisir délicatement le bras de la victime.

Terre-neuve rapportant une pagaie.

À l'eau !

Toujours volontaire !

Plus tard, il apprend aussi à sauter en pleine mer de la vedette de sauvetage, pour aller porter un cordage à un bateau ou à une planche à voile à la dérive...
Le terre-neuve est toujours prêt à se jeter à l'eau, quel que soit le temps qu'il fait. Mais il faut tout de même près de 2 ans de travail avant qu'il puisse obtenir son « diplôme » de sauveteur complet.

Où le former ?

Depuis 1985, la Fédération nationale des maîtres-chiens aquatiques dispose de 3 centres de formation qui organisent chaque année des stages d'initiation et un stage fédéral (qui permet d'obtenir le brevet national) sur 6 bases d'entraînement en France. Son objectif : mettre en place des équipes opérationnelles sur toutes les côtes de France !

Se divertir

Pour le plaisir, quelques associations régionales entraînent également les chiens au sauvetage sur plusieurs plans d'eau français. Tu peux t'y inscrire avec ton copain !

Le terre-neuve, un saint-bernard des plages !

Un chien diplômé

Le Club français du chien de Terre-Neuve a établi un règlement du travail à l'eau, approuvé par la Société centrale canine. Mais seuls les terre-neuve inscrits au Livre des origines français peuvent passer les épreuves de travail à l'eau.

Facile pour le terre-neuve de plonger des côtes escarpées, inaccessibles au Zodiac !

L'ami des matelots

Les marins ne savent pas nager, c'est bien connu ! Sans doute est-ce pour cette raison que les morutiers d'autrefois ne partaient jamais sans un terre-neuve à bord. L'une de ces mascottes reçut en 1919 une médaille d'or pour avoir sauvé, à elle seule, 20 personnes de la noyade. Pour les pêcheurs, ce chien était aussi un excellent baromètre : quand on le voyait faire des provisions de poisson, c'était signe qu'une tempête arrivait ! Et quand le temps était calme, le terre-neuve avait pour mission quotidienne de rattraper les morues qui s'échappaient du filet halé sur le pont du navire.

Chien truffier

Les truffes, quel trésor passionnant à chercher ! Si tu sais bien éduquer ton chien, son odorat sera pour toi un précieux instrument. Plus sûr que le groin du cochon qui risquerait en plus d'engloutir le précieux champignon !

Pour te faire plaisir

Si ton copain est un bon élève, il apprendra en 2 ou 3 jours. Un chien un peu moins doué aura besoin de 2 ou 3 semaines. Tu peux commencer les leçons dès l'âge de 5 ou 6 mois, si le chiot est d'un tempérament calme. Mais ne le fatigue pas trop : c'est un jeu d'un quart d'heure par jour, pas plus. Et plus tard, l'amitié qui liera les vieux complices que vous êtes sera encore plus efficace que la récompense elle-même.

Pas de gaspillage !

Un bon chien peut sentir l'odeur d'une truffe ensevelie à… 30 cm de profondeur ! (Ou 10 cm sous la neige.) Sans lui, en piochant n'importe où, tu détruis le milieu propice à la naissance des champignons et, en plus, tu les ramasses tous, faute de savoir ceux qui sont mûrs à point. Le chien, au contraire, te signale seulement ceux qui sentent bon…

Le « cavage »

Rien de plus facile et d'amusant que d'initier ton chien à la récolte des truffes. Les professionnels appellent cela le « cavage ». L'apprentissage se fait en 3 temps.

Première étape

Enterre à 2 cm dans le sol un petit morceau de gruyère et marque l'endroit avec un caillou. Le lendemain, s'il a du flair, le gourmand va flairer l'odeur alléchante. Que fait-il ? Il gratte la terre pour dégager l'objet de sa convoitise. Halte-là, glouton ! À toi maintenant de ratisser le sol, de féliciter ton ami et de lui offrir la friandise. Répète plusieurs fois l'exercice, à des profondeurs différentes.

Deuxième étape

Enfouis avec le fromage un fragment de truffe bien mûre. Au coup de patte du chien, dégage doucement les deux aliments, mais ne lui donne que le gruyère !

Troisième étape

Enfin, cache la truffe seule. S'il a bonne mémoire de l'odeur, le chien va gratter l'endroit ou donner un simple coup de nez : à toi de bien surveiller ses gestes ! Et si tu veux qu'il conserve désormais ce réflexe, récompense-le à chaque fois avec un morceau de fromage...

Des concours pour les champions

Ce n'est pas un hasard si les Italiens récoltent 3 à 4 fois plus de truffes que nous : dans leur pays, il est interdit de « caver » sans chien. En France, cette méthode commence à se développer. Des trufficulteurs passionnés organisent même des concours, suivis par près de 150 participants ! Chiens de race ou bâtards, tous peuvent passer les épreuves de cavage, à condition bien sûr qu'ils aient un bon odorat, qu'ils soient calmes, obéissants et bien entraînés. Si tu habites le Sud-Ouest, l'Yonne, la Côte-d'Or ou les Alpes du Sud, contacte les syndicats ou les associations de trufficulteurs. Sinon, adresse-toi à la Société centrale canine qui patronne les concours.

Chiens géologues

En Finlande, en Suède et en Russie, des chiens sont entraînés de la même manière à chercher des filons de cuivre ou de nickel. Lors d'un test organisé en 1965 sur 9 km², un chien trouva ainsi 1 330 échantillons de minéraux, contre 270 seulement récoltés par un géologue à l'aide de son matériel technique !

Chien détecteur de drogue et d'explosifs

« Vos papiers, s'il vous plaît ! » En passant la douane, à ta grande surprise, un gentil labrador vient renifler le moteur, les roues et les pare-chocs de la voiture. Encore un coup de nez à l'intérieur du coffre et sur les valises, puis son maître te fait signe : « Merci, vous pouvez passer. » Plutôt sympathique et rapide le nouveau douanier !

L'apprentissage

Que cherche-t-il avec tant de zèle ? De la drogue. Mais ne va pas t'imaginer qu'il a été élevé avec des croquettes parfumées au haschich ! L'animal intoxiqué ne résisterait pas longtemps au poison. La méthode d'apprentissage est plus douce et ne présente aucun danger pour sa santé. Le chien est entraîné pendant des semaines à rechercher son jouet favori : une balle ou un tube renfermant quelques grammes de drogue, ou encore une poupée de chiffon imprégnée de cette odeur particulière...

Les chiens de chasse (ici un braque allemand) sont parfois moins intéressés par le travail de recherche que le berger allemand. Mais le public les trouve plus sympathiques !

Complicité avec son maître

Le souci de toutes les écoles de formation est d'abord de créer un lien entre le maître et son chien. L'animal, en effet, ne « renifle » jamais sous la contrainte. C'est pour faire plaisir à son maître qu'il va explorer toutes les cachettes possibles et rapporter coûte que coûte le paquet odorant.

Un fin limier

Le chasseur de drogue doit posséder un flair exceptionnel, car les trafiquants ont plus d'un tour dans leur sac. Pour tromper l'odorat du chien, ils utilisent par exemple des épices, de la colle ou des parfums répulsifs...

La chasse aux terroristes

Même bien emballés, les explosifs dégagent eux aussi des molécules d'air porteuses d'odeur. Mais pas question de bousculer le colis piégé, encore moins de le transporter dans la gueule ! L'homme doit être à l'écoute de son chien, pour réagir au moindre signe. Il a dressé les oreilles ? Il a remué la queue ? Sa respiration s'est accélérée ? L'effluve connu vient de lui chatouiller les narines. Soudain, l'animal se couche. Le paquet dangereux est là, dans la poubelle. Le chien meurt d'envie d'aller gratter dans les papiers. Non, c'est interdit ! Heureusement, dès le danger écarté, son maître n'attend pas pour exploser de joie et le récompenser chaleureusement de sa découverte.

Avec 230 millions de cellules olfactives, le flair du labrador serait supérieur à celui du berger allemand (200 millions) ! Mais explorer une voiture reste un jeu pour ce chien « renifleur » de drogue.

Où sont-ils formés ?

- Douane : École nationale des brigades, 17021 La Rochelle Cedex.
- Gendarmerie : Centre de formation des maîtres-chiens de la Gendarmerie nationale, 46500 Gramat.
- Police : Centre national de formation des unités cynophiles (CNFUC), 77875 Montereau Cedex.

Quelques chiffres

Les douanes françaises emploient 180 équipes maîtres-chiens « anti-drogue » et 70 équipes « anti-explosif » qui surveillent le trafic des marchandises dans les ports, aéroports, gares et aux postes frontières. La gendarmerie fait travailler environ 80 chiens pour la recherche de stupéfiants et 40 chiens pour la détection d'explosifs. La police dispose d'une centaine de chiens opérationnels, bergers allemands et malinois. Les équipes cynophiles de la police et de la gendarmerie ont pour mission de remonter les filières de trafiquants au moyen de perquisitions, dans les appartements ou les voitures suspectes.

Une odeur pour les œuvres d'art

Comment retrouver des bijoux volés, ou identifier sans risque d'erreur un tableau original ? Le Centre national de la recherche scientifique vient de mettre au point un procédé révolutionnaire : un mélange chimique, totalement invisible et inoffensif, à pulvériser sur tous les objets de valeur. Sa composition sera gardée secrète, seuls quelques chiens connaîtront cette odeur... Voleurs et faussaires n'ont qu'à bien se tenir !

Sous une coulée de boue, c'est encore plus difficile pour le chien de détecter les victimes : la terre agit comme un filtre qui retient les odeurs.

Chien de catastrophe

La terre a tremblé encore une fois en Turquie ou au Japon. Des chiens sont envoyés pour participer aux opérations de sauvetage. Grâce à leur flair, des dizaines de victimes ensevelies sous les décombres peuvent être dégagées.

Des chiens tout-terrain

Imagine un immense chantier : bulldozers, marteaux-piqueurs, sirènes hurlantes, fumées suffocantes, sauveteurs qui crient... Tout brûle, tout craque, tout s'effondre mais le chien surmonte sa peur.

Des odeurs multiples

Il va se faufiler dans les canalisations, ramper sou les gravats, marcher sur des poutres en équilibre instable à la recherche des pistes odorantes. Certaines sont alléchantes, qui émanent des gard manger éventrés. Mais pas question de s'y attarde Celles qui se dégagent d'un cadavre l'angoissent cependant terriblement : les oreilles couchées, la queue entre les pattes, il va marquer un arrêt et parfois hurler à la mort. Malgré les caresses réconfortantes de son maître, c'est une épreuve assez démoralisante pour le chien.

Durant l'entraînement, les futurs chiens de catastrophe sont confrontés aux épreuves les plus difficiles : matériel roulant ou à ressort, poutres instables, écueils tranchants, maison incendiée...

Un dur métier

Quelle joie l'envahit quand lui parviennent enfin les effluves corporels d'un rescapé ! Dommage, il n'a pas le temps de lui faire la fête : plusieurs heures sont parfois nécessaires pour dégager la personne ensevelie sous les décombres, et lui, pendant ce temps-là, doit poursuivre sa noble mission...

Plus efficace que l'électronique

Avec un chien bien entraîné, pas de recherche inutile : son flair le trahit rarement. Certes, il existe bien des appareils ultraprécis, capables de capter jusqu'aux faibles battements de cœur des victimes... Mais à condition qu'il n'y ait aucun bruit parasite, ce qui est rarement le cas sur les lieux d'une catastrophe !

Interventions

Depuis 1980, la centaine d'équipes cynophiles françaises brevetées et opérationnelles a eu le temps de faire ses preuves. Les tremblements de terre ne sont pas les seules occasions d'intervenir : il y a aussi les éboulements de terrain, les incendies ou les explosions dans les usines, les mines, les immeubles, sans oublier les catastrophes ferroviaires ou aériennes... Rien qu'en France, on compte déjà plus de 150 interventions, et des centaines de vies humaines sauvées !

Lors d'un tremblement de terre, maître et chien doivent être capables de franchir les pans de murs qui subsistent des immeubles. La descente se fait en rappel, l'animal maintenu dans un harnais.

Un couple indissociable

L'équipe se compose d'un maître et d'un chien. Tous deux doivent former un couple très proche, uni par une vraie amitié. À la retraite ou à la mort de son compagnon, le sauveteur doit repasser les épreuves du brevet s'il désire continuer à exercer ce beau métier avec un nouveau chien.

Chaque chien a une façon particulière de marquer la présence d'un être humain enfoui sous les décombres. Son maître la connaît : généralement quand le chien découvre un rescapé, ses réactions sont vives, il se met à aboyer joyeusement.

Un brevet national

C'est au centre de Briançon que le chien de recherche et de sauvetage en décombres fait ses premières armes. L'entraînement y est intensif autour d'un véritable parcours du combattant. Encore une fois, le berger allemand est la race la plus représentée, mais berger belge, boxer, briard, beauceron, dobermann, schnauzer, berger des Pyrénées... et bâtards de tous poils y sont également présents.

Les qualités requises ?

Un odorat développé bien sûr, mais aussi un caractère calme, sociable envers les hommes comme avec ses semblables : plusieurs équipes opèrent souvent ensemble en plein cœur de l'action. Le maître du chien est souvent un sapeur-pompier, parfois un gendarme ou un policier. Mais le cercle n'est pas fermé, toute personne majeure titulaire du brevet national de secourisme peut faire le stage.

Comment y parvenir

Si cela t'intéresse vraiment, le dossier de candidature est à demander au Centre interrégional de formation de la Sécurité civile, château de Valabre, 13120 Gardanne. Le prix du stage est de 7 000 F pour 12 jours, et a lieu 2 fois par an, en juin et en septembre.

112 Copain des chiens

Chien de pistage

Écoute les informations : « Gendarmes et policiers patrouillent jour et nuit à la recherche des dangereux malfaiteurs... » ou encore : « Toute la région est passée au peigne fin pour retrouver la fillette disparue... » Les chiens, on en parle rarement, pourtant ils sont en première ligne pour ce genre d'opérations.

Un vrai professionnel

Les chiens pisteurs sont, avant tout, des animaux très équilibrés et entraînés chaque jour par leur maître. Ils ont appris par exemple à distinguer un truand armé d'un enfant fugueur et à adapter leur comportement en conséquence ! Tout part bien souvent d'un seul indice : un vêtement, une goutte de sang... Il faut agir vite, et trouver une piste que tout le monde ignore...

Odeurs brouillées

En ville, le chien de police a bien du mérite : mener une enquête dans les rues et les lieux publics, c'est une véritable pelote d'odeurs à démêler ! À la campagne ou en forêt, l'auxiliaire des gendarmes explore minutieusement les endroits dangereux ou les moindres cachettes. Souvent il prend des initiatives, quitte à revenir bientôt sur ses pas ; et il ne se décourage jamais, même quand la météo efface les indices.

Quelle joie de retrouver les enfants perdus !

Pour l'éduquer, joue à cache-cache

C'est sûr, ton chien possède déjà un odorat très supérieur au tien. Mais tu peux encore développer ses capacités naturelles, dès l'âge de 3 mois.

Sème des indices

Au début, trace une piste en ligne droite parsemée de croquettes de viande : un moyen comme un autre de le décider à avancer ! Ensuite, cache-toi derrière un arbre, après avoir traîné les pieds et déposé sur le chemin un chausson imprégné de ton odeur.

Plus difficile

À l'âge de 6 mois le chiot ramènera la pantoufle à tes pieds. S'il est vraiment doué, augmente alors les difficultés : trace la piste en arrondis et en angles droits sur cent mètres et plus... Tu peux aussi créer de fausses pistes fraîches, croisant la voie plus ancienne. De bonnes parties de « gendarmes et voleurs » en perspective !

En piste !

Tu te sens devenir un vrai passionné du pistage et ton chien appartient à une race de travail reconnue par la Société centrale canine. Sur un simple coup de téléphone, cette dernière t'indiquera les clubs affiliés de ta région qui organisent régulièrement des épreuves de pistage.

Sur la piste des ours et des lynx

Trois ours ont été capturés en Slovénie puis relâchés sur la commune de Melles en Haute-Garonne (deux femelles au printemps 1996 et un mâle en 1997). Pour trouver des indices de la présence de ces ours dans la nature, Alain Deteix, dresseur professionnel de l'Office national de la chasse, a éduqué deux chiens d'ours de Carélie (spécialistes de la chasse à l'ours comme le prouve leur nom finlandais) à suivre la piste d'un ourson né en captivité.

Une expérience similaire avait été entreprise avec Godwa, chienne rhodesian ridgeback, pour pister les lynx au début de leur réintroduction dans les Vosges.

Chien de berger

Tu as peut-être déjà vu au printemps un rassemblement de milliers de moutons escaladant placidement la montagne. Autour d'eux allaient et venaient des chiens, attentifs à ne pas laisser le moindre animal s'écarter du troupeau...

Un ange gardien...

Sur le versant ensoleillé, les moutons se déplacent lentement en broutant l'herbe tendre. Si le berger s'endort à l'ombre d'un rocher, son complice veille. Et si des brebis s'aventurent dans un passage escarpé, en quelques foulées, le chien se postera en sentinelle et leur fera rebrousser chemin.

L'habituer très tôt

Pour pouvoir devenir plus tard un vrai chien de berger, le chiot doit commencer très tôt à côtoyer les moutons. Il ne doit se montrer ni trop agressif ni trop timide. Selon son caractère on l'encouragera à approcher les animaux ou, au contraire, on freinera son ardeur. Quant à sa véritable éducation, elle ne débutera que vers l'âge de 8 ou 9 mois.

Retour au bercail

Dans la soirée, le brouillard enveloppe la montagne. On n'y voit pas à deux mètres devant soi, il est temps de regagner l'abri. Mais des moutons manquent à l'appel. Au coup de sifflet, le chien part rameuter les animaux égarés, et réveiller les agneaux endormis.

Même si la transhumance devient plus rare aujourd'hui, pas question pour les bergers de renoncer à leur précieux compagnon !

En plaine

En plaine, le berger a d'autres préoccupations. Il doit bien souvent traverser des routes et longer des cultures pour mener paître son troupeau dans les prés. Heureusement pour le seconder, il peut compter sur son ou ses serviteurs obéissants et toujours pleins de zèle.

Au doigt et à l'œil

« À droite, à gauche, en avant, pousse, recule, arrête !... » Tous ces mots, le chien les connaît par cœur. Souvent son maître n'a même pas besoin de les prononcer : il suffit d'un geste ou d'un regard. Même s'il ne garde plus les moutons dans les parcs clôturés, le chien de berger n'est pas au chômage pour autant. Lui seul est capable de pousser les animaux, un à un, sans les affoler, dans un couloir afin qu'ils soient tondus, soignés ou vaccinés. À lui encore la rude tâche de séparer les agneaux de leurs mères, qui souvent n'hésitent pas à le charger !

Halte-là, pas question pour les moutons de franchir la barrière de ce parc tant que le berger n'en aura pas donné l'ordre !

Un précieux auxiliaire

Dès la sortie de la bergerie, le chien « prend en main » les brebis. 3 minutes d'inattention, et ce serait la débandade. Une fois la barrière franchie, la troupe s'engage sur la route. Combien d'allers-et-retours doit alors faire le chien pour maintenir les brebis en rang serré sur le bas-côté ? Il faut être doublement vigilant, car les automobilistes ne sont pas toujours patients !... Au carrefour, stop, danger ! Le troupeau doit s'arrêter à un endroit précis, ni avant ni après.

Chien de berger de compétition

Chaque année, de plus en plus de bergers et d'éleveurs de moutons participent à des concours organisés par la Société centrale canine. Pour eux, c'est l'occasion de se retrouver, d'observer le travail des autres chiens, et de les croiser ensemble en sélectionnant les meilleures souches bergères. Quatre races se partagent leur préférence : le border collie, le berger des Pyrénées, le beauceron et le briard.

Pâturages disparus

Aujourd'hui briard et beauceron n'ont plus à garder les troupeaux dans les verts pâturages du nord de la France, transformés en cultures. Aussi ne les voit-on plus que dans les concours.

Où se renseigner ?

L'Institut de l'élevage organise des stages d'initiation de 3 à 6 jours, réservés aux bergers et aux éleveurs.

Chien d'assistance

Le chien est pour toi un véritable ami, qui influence ta façon de voir les choses et ta santé. Sa présence amicale est le meilleur remède contre la tristesse ou le sentiment de solitude.

Contre le chagrin

Le simple fait de le caresser aurait pour effet de calmer l'anxiété : le rythme cardiaque diminue et la tension artérielle baisse. Et si tu as un gros chagrin, tu le confieras plus facilement à ton chien qu'à tes parents. Lui ne juge pas si c'est bien ou mal, il t'écoute, et ses yeux doux te rassurent...

Un remède contre le stress

Aux États-Unis et au Canada, les médecins ont compris que la présence d'un chien est une aide efficace contre la maladie et les troubles psychologiques. De plus en plus d'hôpitaux acceptent la visite des compagnons de leurs malades ; certains ont même leur propre équipe d'aides soignants « à quatre pattes ». Résultat : les patients retrouvent le moral et l'envie de guérir, et leur état s'améliore.

La retraite

Dans les maisons de retraite, les chiens ont réussi à redonner le goût de la vie à des personnes âgées. Souvent exclues du monde actif, elles ont découvert qu'elles pouvaient être utiles en s'occupant des animaux : toilettage, promenade… Et puis quand on possède un gentil chien, cela facilite toujours les contacts !

À la maison de retraite d'Alfortville, on accepte les chiens des pensionnaires. Un exemple à suivre...

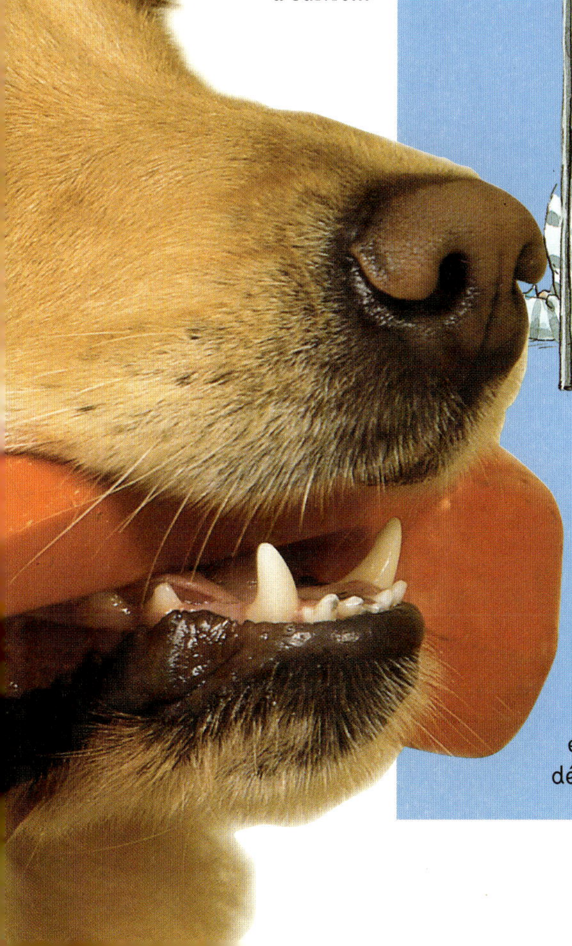

Le chien et les prisonniers

Depuis 1982, les détenues de la maison d'arrêt de Purdy, dans l'État de Washington, ont une mission à remplir : éduquer des *services dogs*, chiens à l'usage des handicapés. Mais la présence des animaux dans l'établissement a aussi changé la vie des prisonnières. Certaines ont perdu leur agressivité, d'autres sont sorties de leur silence. Beaucoup ont découvert qu'elles étaient encore capables d'aimer et de bien faire… Aux États-Unis, d'autres prisons ont déjà suivi ce bel exemple de réinsertion sociale.

Un supercopain toujours près de son maître, et prêt à l'aider ! Si tu rencontres un chien d'assistance, ne le caresse pas, c'est un geste réservé à son maître. Mais tu peux lui serrer la patte !

La troisième roue du fauteuil

Non, il ne pousse pas le fauteuil roulant, mais le chien rend tout de même de grands services à son maître handicapé. Le livre est tombé par terre ? En une seconde, le chien vigilant l'a ramassé et rapporté. C'est avec plaisir aussi qu'il saisit les marchandises dans les rayons du supermarché. Grâce à lui, on sourit et on parle à son maître. Cela lui suffit comme récompense.

L'apprentissage

À 2 mois, le chiot sélectionné pour devenir chien d'assistance est confié à une famille d'accueil, qui s'en occupe pendant 16 mois. À 18 mois, le chien va suivre une formation de 6 mois au cours de laquelle il apprendra un tas de choses en jouant, comme par exemple ouvrir des portes en tirant sur un bout de chiffon, appuyer sur un bouton pour allumer la lumière ou appeler l'ascenceur…

La seule chose qu'il ne fait pas, c'est de compter la monnaie.

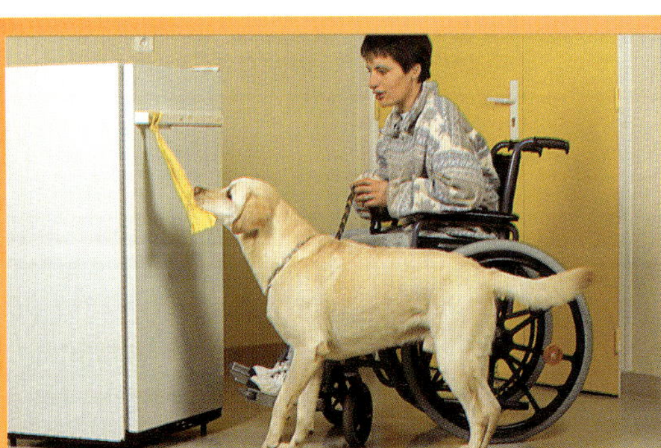

Un profil bien spécial

Les chiens d'assistance sont surtout des labradors ou des golden retrievers. Tous deux chiens de chasse rapporteurs de gibier, ils sont avant tout réputés pour avoir un caractère en or : ils aiment la compagnie de l'homme et sont équilibrés, doux, affectueux, obéissants, intelligents et dotés d'une excellente mémoire. De plus, ils sont robustes et ont la taille idéale pour aider les handicapés en chaise roulante.

Les comptoirs des magasins sont souvent trop hauts pour que les personnes en chaise roulante puissent payer elles-mêmes. Le chien d'assistance apprend à le faire.

La monitrice en chaise roulante dit « apporte », et le chien apporte un objet (représentant le porte-monnaie) à celle qui joue le rôle de la vendeuse. « Up », et le chien met ses pattes avant sur le comptoir. « Donne », et il donne l'objet.

Le chien d'assistance aide son maître dans la vie de tous les jours, mais c'est d'abord un merveilleux compagnon !

Aucun secret pour lui

Un chien d'assistance obéit à 52 ordres différents ! Depuis le plus simple : « assis », jusqu'aux plus compliqués : « dis bonjour » (le chien donne la patte pour saluer), « up lumière » ou « up éteint » (pour allumer ou éteindre la lumière), « tes besoins » (le chien doit faire ses besoins au moment et à l'endroit décidés par son maître !) et bien d'autres...

Ce golden retriever apprend à décrocher le téléphone quand la sonnerie retentit. Il doit alors apporter le combiné à son éducateur. À la fin de sa formation, il deviendra, pour son futur maître, un compagnon irremplaçable !

Chien-guide d'aveugle

Tu as certainement déjà croisé sur ton chemin un non-voyant guidé par un brave toutou. Si tu demandes à ce dernier de te parler de son chien, tu découvriras sûrement une belle histoire d'amitié...

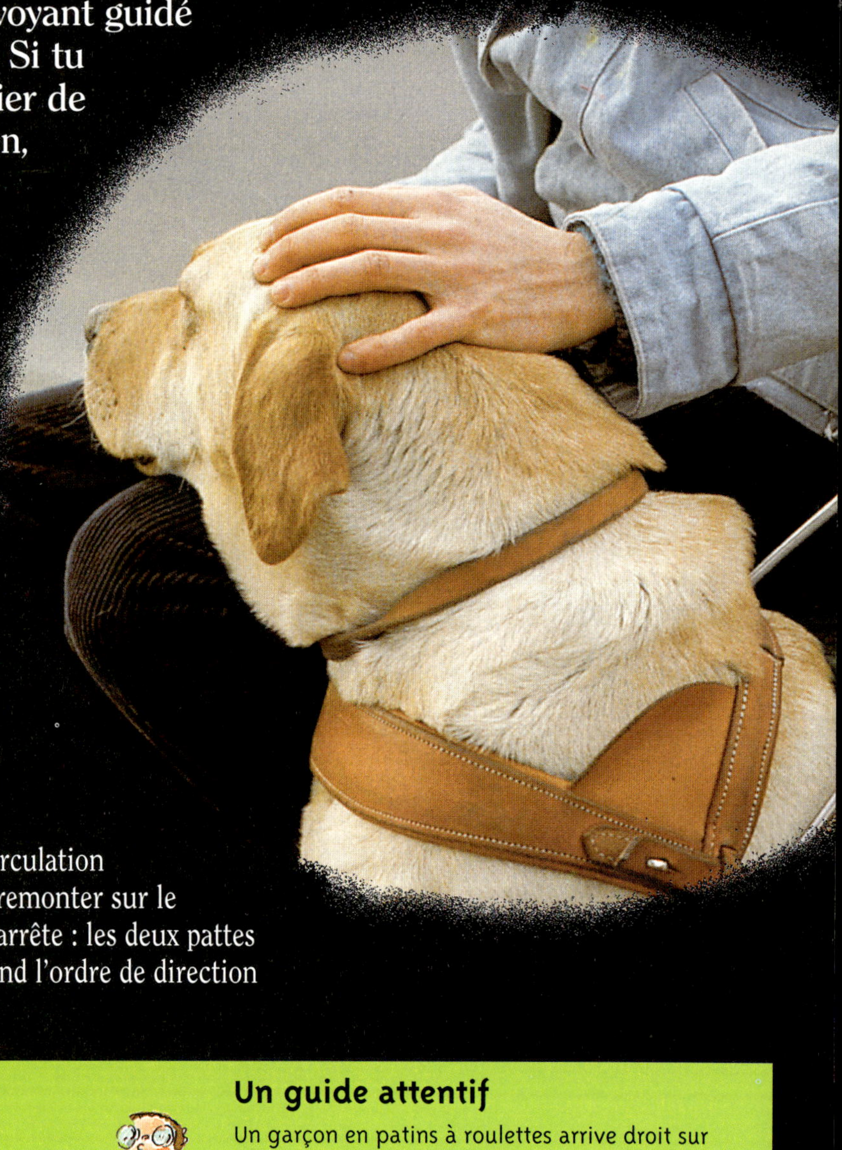

« Des yeux au bout des doigts »

« À droite ! » Le chien tourne en effet dans cette direction. Mais attention, il y a une rue à traverser. L'animal cherche alors le passage protégé le plus proche. À la bordure du trottoir, il marque un temps d'arrêt, et ne s'engage sur la chaussée que lorsque la circulation s'est interrompue. Avant de remonter sur le trottoir d'en face, le chien s'arrête : les deux pattes posées sur la bordure, il attend l'ordre de direction pour continuer sa route.

Un guide attentif

Un garçon en patins à roulettes arrive droit sur eux ? Aussitôt, le chien s'immobilise. Plus loin, il va contourner astucieusement des travaux. Un escalier à gravir ? Pas question de ralentir le rythme ! Juste un arrêt à la première marche, et un ralentissement à la dernière. Et pour signaler un creux ou une bosse, il ralentit aussi le pas. Ainsi, son maître n'est jamais surpris ! Quelle entente parfaite ! Si le chien n'avait pas de harnais, tu aurais parfois du mal à deviner que le maître est un aveugle.

La liberté retrouvée

Guidé par son ami, le non-voyant mène une vie autonome. Avec son chien, il se rend à son travail, prend le bus, le train ou le métro, fait ses courses, rend visite à ses amis et se promène partout, en ville comme à la campagne. Un chien bien éduqué peut mémoriser parfaitement une vingtaine de parcours et les associer à des ordres. Il suffit de lui dire par exemple « nous allons au bureau » pour qu'il en prenne aussitôt le chemin, suivant le moyen de transport habituel.

L'éducateur de chien-guide d'aveugle doit être un bon marcheur. Il fait travailler l'animal 2 heures par jour minimum, durant 4 à 6 mois : environ 300 heures de marche ou encore 1 200 km !

Une entente parfaite

Mais en plus des immenses services qu'il rend à l'aveugle, la seule présence du chien est aussi un grand réconfort. Lui parler, le caresser, c'est retrouver pour certains la « lumière » d'une vraie amitié.

Veux-tu être le tuteur d'un chiot ?

Dès l'âge de 2 mois, le futur chien-guide d'aveugle est placé dans une famille d'accueil. Car ce n'est pas dans un chenil que le chiot connaîtra les expériences indispensables à sa vie future.

Une éducation de base

- Ton rôle sera de lui donner les bases d'une bonne éducation, suivant le programme établi par l'école au fil des mois. Tu devras confronter le chiot aux situations les plus variées : la foule, la circulation automobile, les escaliers, les transports en commun...
- Tu l'emmèneras jouer avec tes copains, et aussi avec d'autres chiens. Tu veilleras à ce qu'il en garde un bon souvenir, sans crainte ni agressivité.
- Au bout d'un an environ, tu devras rendre le chiot à l'école. Grâce à toi, il sera maintenant prêt à apprendre son métier. Surtout ne sois pas triste ! Rien ne t'empêche de faire la connaissance du maître et de continuer à voir tes nouveaux amis !

Où s'adresser ?

La Fédération nationale des associations et écoles de chiens-guides d'aveugle regroupe 9 écoles. 35 éducateurs permanents forment annuellement 140 chiens-guides. Environ 1 400 chiens sont en service actuellement en France. C'est peu, si tu compares avec les 4 000 chiens-guides britanniques. Mais les écoles vivent presque uniquement des cotisations de leurs membres et de dons. L'éducation d'un chien-guide revient à 80 000 F, mais la Fédération l'offre aux non-voyants.

Quelles races de chiens ?

Labrador, mais aussi berger allemand, golden retriever et grand griffon sont les chiens qui s'adaptent le mieux au métier de guide d'aveugle, en raison de leurs qualités physiques et de leur caractère équilibré.

Chien d'avalanche

Alerte ! Près de la station de sports d'hiver, un skieur hors piste vient de déclencher une avalanche, qui a emporté l'imprudent. Aussitôt, le maître-chien de permanence au téléphérique se rend sur les lieux. Sur son dos, il porte son ami.

Patience, émotion

Le maître épargne à l'animal une fatigue inutile, en prévision du gros effort de concentration qu'il va avoir à fournir. Mais le chien d'avalanche est un as : parmi les lourdes odeurs laissées par les pas des secouristes, il distingue vite l'effluve léger qui se dégage d'un objet enseveli sous la neige.

Faux espoirs...

Plusieurs fois, il plante son museau dans la croûte glacée, avant de se mettre à gratter subitement à un endroit précis. Son maître donne alors trois ou quatre coups de sonde, jusqu'à ce qu'il sente quelque chose d'enfoui. Alors il faut faire vite, on déblaie rapidement à la pelle... Et l'on découvre un ski, dont les fixations sont ouvertes...

Dès qu'il a localisé le « foyer d'odeur » le chien d'avalanche aboie et gratte avec énergie. Puis on le retire pour déblayer la neige et éviter ainsi qu'il n'épuise ses forces inutilement.

Victoire !

Pourtant, le maître récompense le chien : il a fait son travail. Mais il lui fait aussi comprendre que ce n'est pas terminé, et l'encourage gentiment à poursuivre les recherches... Pour lui faire plaisir le chien remonte la pente, flaire longuement la surface glacée, se met soudain à gratter comme un fou. Il aboie joyeusement, la queue battante... Quel moment d'émotion ! La victime est là, épuisée mais vivante. Et tandis qu'on achève de la dégager, le maître peut enfin exploser de joie avec son fidèle compagnon !

Une course contre la montre

Un chien d'avalanche est capable de retrouver une personne ensevelie sous 6 m de neige ! (2 m si la neige est compacte.) Fais la comparaison ; il faut 20 heures à une équipe de 20 hommes pour sonder un hectare en recherche minutieuse. Le chien fait le même travail... en une heure ! 30 % des victimes sont ainsi dégagées, dont un tiers sont encore vivantes !

Transporté par hélicoptère, suspendu à l'extrémité d'un câble, le chien est stressé par le bruit et le souffle puissant des rotors de l'appareil. Mais bloqué dans les bras de son maître, il réussit à vaincre sa peur du vide.

Le profil du chien

Le chien d'avalanche idéal est un animal de taille moyenne avec un bon sous-poil laineux. Un chien trop lourd, à poil long comme le saint-bernard, se fatigue très vite et sa robe mouillée est un handicap. Résistant et en bonne santé, il ne doit être ni peureux, ni agressif.

Prêt à commencer le travail.

Seulement cent soixante en France !

La France fait figure de parent pauvre en matière de chiens d'avalanche. Elle n'a que 160 équipes opérationnelles, contre 328 en Suisse, 220 en Autriche et 170 en Italie ! L'idéal serait pourtant de proposer au moins une équipe par station de sports d'hiver, et il y en a plus de 300 ! La Gendarmerie nationale compte 25 équipes, les CRS en possèdent 20, et 117 autres sont fournies par la Sécurité civile.

Tous les moyens sont bons pour amener le chien sur les lieux d'une avalanche, le plus rapidement possible et sans qu'il se fatigue (hélicoptère, téléphérique, téléski, télésiège, traîneau ou sac à dos).

Ce sauveteur des neiges, harassé mais stoïque, a bien rempli son devoir.

Un entraînement progressif

Les candidats au stage de la Sécurité civile sont tous des professionnels de la montagne, et d'excellents skieurs. Durant la première semaine du stage, un moniteur entraîne l'animal à retrouver son propre maître enseveli sous un mètre de neige. Ensuite, le maître doit inciter son compagnon à rechercher une « victime » volontaire, puis deux, puis trois, dans des conditions d'enfouissement de plus en plus difficiles...

Si tu veux en savoir plus, tu peux t'adresser à la Fédération nationale des maîtres-chiens d'avalanche, qui regroupe toutes les équipes formées en France, quelle que soit leur origine.

Les m

autour du chien

étiers

Une famille française sur trois possède un chien et les vocations d'éleveur, de dresseur, de toiletteur... qui attiraient à l'origine des amateurs passionnés s'organisent peu à peu en véritables professions.

Vivre avec les animaux et en faire ton métier, c'est peut-être ton rêve. Mais comment y parvenir ?

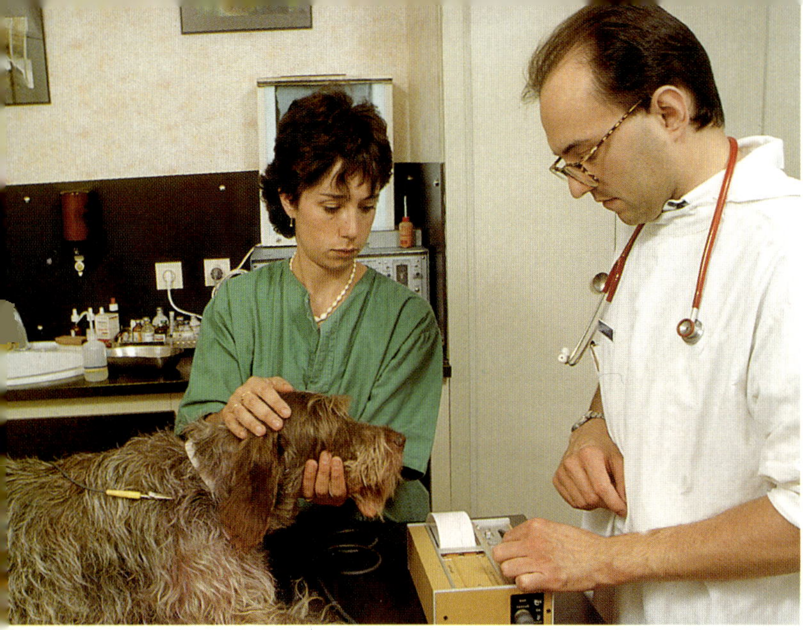

Le vétérinaire, un spécialiste à l'écoute des animaux.

Vétérinaire

Être « médecin des animaux », c'est s'occuper de tous les animaux, des chiens, mais aussi des chats, voire des chevaux, des poissons ou des oiseaux et même des tortues...

Un métier difficile

C'est parfois plus difficile que de soigner des hommes parce qu'un chien ne dit pas où il a mal. Et le vétérinaire doit être à la fois généraliste, dentiste, radiologue... anesthésiste aussi, car il pratique souvent de petites interventions chirurgicales dans son cabinet. Pour les cas graves, des spécialistes associés dans des cliniques disposent d'appareils aussi sophistiqués qu'en chirurgie humaine. Ils font de vrais miracles !

Concours difficile !

Tu as choisi d'exercer le métier de vétérinaire ? Sois bon élève car, au concours d'entrée de l'école, environ 500 candidats seulement sont reçus chaque année, sur près de 2 000 inscrits ! Il te faudra ensuite 6 ans d'études (sans spécialisation).

Comment seconder le vétérinaire ?

Si ces études-là te semblent insurmontables, tu peux quand même réaliser ton rêve. Le vétérinaire a besoin d'être secondé dans sa tâche, et le travail de l'aide soignante – c'est une femme le plus souvent – peut être tout aussi passionnant. À condition de savoir s'adapter à toutes les situations et de faire preuve d'initiative. Hôtesse et secrétaire, elle reçoit les clients et rassure les maîtres et les chiens. Infirmière, elle prépare les instruments, maintient l'animal pendant la consultation, fait les pansements...

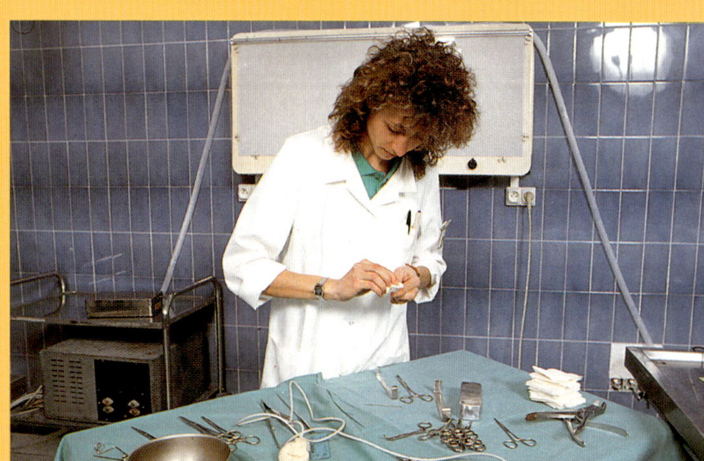

Écoles publiques ou privées, cours par correspondance... Quelle que soit la manière de suivre la formation, ne la néglige pas. Elle te permettra de te montrer vraiment efficace !

Toiletteur

Un métier qui ne consiste pas à être seulement « coiffeur pour chiens » : il faut du doigté pour faire accepter au chien une toilette pas toujours désirée.

Cette « boule de poils » aura-t-elle la patience de se laisser faire ?

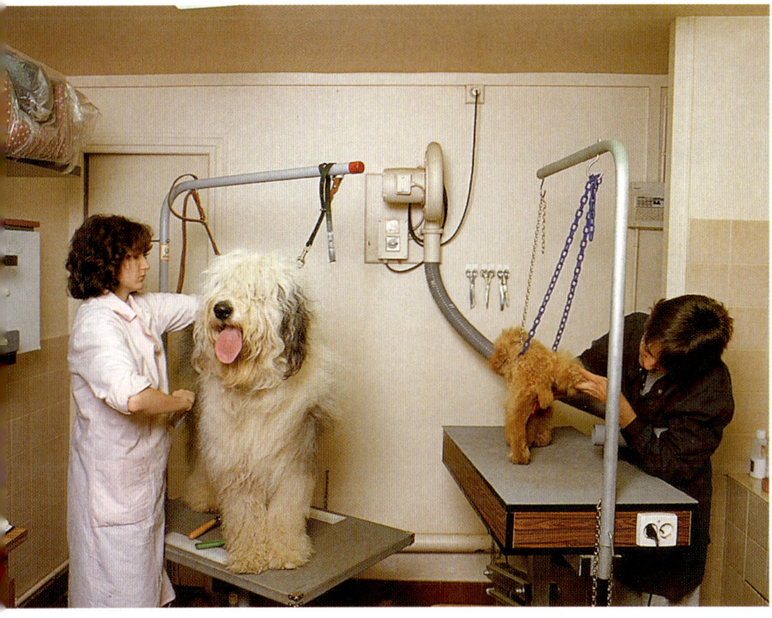

Du plus petit au plus gros, tous sont acceptés dans le salon.

Être fort et calme...

Pour atteindre ce niveau, 2 à 3 ans de pratique sont nécessaires. Le métier de toiletteur exige des qualités : calme, patience, propreté et... robustesse physique. Essaie donc de maintenir dans une baignoire un énorme briard qui déteste l'eau ! Le salon de toilettage est un endroit toujours angoissant pour les animaux nouveaux venus. Il faut alors calmer les agités, rassurer les peureux : dominer l'animal, tout en gagnant sa confiance.

L'art et le savoir

Il baigne, tond, épile et bichonne les chiens comme un vrai coiffeur... Mais le toiletteur sait aussi mettre en valeur les qualités de l'animal, et masquer habilement ses défauts. Un dos voûté ou incurvé, des pattes trop épaisses, un museau trop allongé ? Le coup de ciseaux ne sera pas le même, car cet artiste sculpteur connaît aussi parfaitement la morphologie des différentes races.

La formation

Le métier ne s'improvise pas et les formations sont très variées. Elles vont du cours par correspondance (étonnant pour un métier manuel !) jusqu'au brevet de compagnon toiletteur, seul diplôme reconnu par l'État. Mais comme les élus sont rares, beaucoup choisissent d'apprendre le métier « sur le tas », au sein d'organismes privés créés par les grands salons.

132
Éleveur

Vivre parmi les chiens, les voir naître et grandir, quel métier passionnant ! Mais c'est aussi beaucoup de contraintes et de difficultés : l'éleveur qui veut réussir doit avoir plusieurs cordes à son arc !

Que de bouches à nourrir !

Un emploi du temps très chargé

Il lui faut d'abord disposer d'un investissement important, pour s'installer dans un endroit éloigné de tout voisinage. Il doit ensuite construire des chenils spacieux, une maternité chauffée et bien aménagée et une aire de détente agréable. Et puis, il faudra qu'il sache acheter de bons reproducteurs, participer à des expositions et remporter des prix... Le courage, enfin, est une qualité indispensable pour affronter la tâche quotidienne : nettoyer les box, nourrir et toiletter les chiens, aider les mères à accoucher, surveiller le développement des chiots... Et cela 24 h sur 24, tous les jours de l'année !

Allier théorie et pratique...

Si tu veux te lancer dans l'élevage canin, inscris-toi dans une école pour la théorie, et fais-toi engager comme apprenti chez un professionnel qui t'enseignera la pratique indispensable.

C'est à l'école de Saint-Gervais-d'Auvergne et à la maison familiale de Mortagne-au-Perche que tu apprendras le métier d'éleveur.

Dresseur et maître-chien

Des métiers qui imposent une parfaite entente entre l'homme et le chien pour réaliser les missions délicates de garde et de défense.

Une vocation

Éduquer ton chien est pour toi un plaisir et tu voudrais en faire ton métier ? Inscris ton compagnon, bon gardien, dans un club canin (la Société centrale canine te procurera les adresses). Tu apprendras les techniques de garde et de défense qui développent l'obéissance, le courage et les réflexes de l'animal. Dans les clubs de dressage, « l'homme d'attaque » enfile toujours un costume de protection rembourré. Et pour cause : c'est lui qui incite le chien à mordre ! Mais attention, mal contrôlé, ou mal utilisé, un chien dressé devient dangereux comme une arme.

L'éducation des chiens de défense de la Police nationale est très rigoureuse. Pas question de mordre n'importe quand et n'importe où ; il s'agit d'immobiliser le malfaiteur, et non de le blesser.

L'armée et la police

Si tu aimes l'uniforme, suis la formation de maître-chien dispensée dans l'armée :

- groupe cynophile de l'armée de terre, Ferme du Piémont, 51601 Suippes Cedex ;
- SIRPA de l'air, 26 bd Victor, 00460 Armées.
- La Gendarmerie nationale de Gramat, dans le Lot, et le chenil national de la Police de Cannes-Écluse, en Seine-et-Marne, recrutent également des maîtres-chiens.

À toi de choisir...

Quel avenir ?

Toutes sortes de personnes font appel aux dresseurs professionnels. Ceux qui veulent faire garder leur maison ou leur magasin, ceux qui chassent et qui veulent faire dresser leur chien d'arrêt... et ceux qui ne veulent plus être dominés par un compagnon envahissant ! Un bon dresseur doit se montrer fin psychologue pour comprendre les caractères de ses élèves, maître et chien, et les adapter l'un à l'autre.

Autres débouchés

Pour s'assurer un revenu régulier, de nombreux dresseurs professionnels font aussi de l'élevage, ou tiennent une pension pour animaux. Il existe aussi des sociétés privées de gardiennage, qui embauchent des équipes de maîtres-chiens confirmées pour surveiller parkings, supermarchés ou événements particuliers.

Les nouveaux métiers

Le « boom » de la démographie canine a fait apparaître de nouveaux métiers ou services pour chiens, à l'origine réservés à l'homme : des professions parfois étonnantes !

Photographe animalier

Photographier ou filmer des chiens n'est pas de tout repos : les modèles ne posent pas. Réaliser de belles images demande patience et savoir-faire : il faut souvent se déplacer à quatre pattes, parfois même aboyer ! Émissions télévisées, livres et revues canines... Les débouchés de la profession restent limités. Et pour le photographe indépendant, les frais sont importants : matériels, pellicules, voyages... Mais le plaisir est toujours au rendez-vous !

Juge

Juger la beauté ou la qualité d'un chien demeure une activité quasi bénévole. Mais « l'œil professionnel » est indispensable pour élire la vedette d'une exposition ou sélectionner le champion d'un concours de travail. Le candidat doit être éleveur pour la race choisie, et avoir fait ses classes comme assesseur d'un juge formateur pendant 2 ans. Il faut vraiment être un « mordu » !

Sans fin...

D'autres métiers ou services ont également fait leur apparition : journaliste animalier, pompes funèbres (cercueils, incinérations, naturalisation), kinésithérapeute, acupuncture et médecines douces, psychologue, assurances maladie, agence matrimoniale, théâtre pour chiens...

Astrologue

Comme pour les hommes, on peut établir le thème astral du chien. Les spécialistes affirment pouvoir y lire son bilan de santé et son tempérament... Peu développée en France, l'astrologie animale est très en vogue aux États-Unis, où des éleveurs y ont recours pour sélectionner des portées ; certains vétérinaires en tiennent compte pour soigner leurs patients...

Dog-sitter

Pour te faire de l'argent de poche, tu gardes les bébés à domicile. Pourquoi pas des chiens ? C'est une pratique courante aux États-Unis, encore peu connue en France. Il est vrai que d'habitude, c'est plutôt le chien qui garde la maison en l'absence de ses maîtres ! Tu peux pourtant rendre de grands services : promener le chien, lui donner à manger, l'emmener chez le toiletteur, ou même le prendre en pension chez toi pour quelques jours... Le toutou te fait la fête ? Le maître est rassuré, il peut partir tranquille.

À Tokyo, un hôtel pour chiens reçoit ses « clients » avec un luxe réservé d'ordinaire aux plus hautes personnalités. Il en coûte 45 dollars par jour, environ 300 F !

Ambulancier animalier

Il fallait y penser ! Aujourd'hui, quelques entreprises viennent en aide aux maîtres désemparés par une urgence : transporter un chien victime d'un accident de la route, conduire le compagnon d'une personne âgée chez le vétérinaire, ou encore mener une dépouille au cimetière ou au service d'incinération... Avec une voiture bien équipée et quelques connaissances sur les premiers soins à donner aux blessés, tu peux devenir ambulancier animalier. À condition d'être disponible nuit et jour, même le dimanche et les jours de fête !

Le chien et les l

Être un bon maître, c'est aussi faire participer son chien à ses loisirs. Et pourquoi ne pas faire du sport avec lui, si vous êtes tous les deux de vrais passionnés ?

oisirs

L'agility

Le dimanche s'étire mollement. Tu pars faire une promenade avec ton chien, mais l'enthousiasme n'y est pas vraiment... Inscris-toi d'urgence dans un club d'agility : tu retrouveras l'envie de jouer avec ton compagnon et vous vous ferez plein de nouveaux amis !

Un parcours de slalom.

Un parcours tout-terrain...

Ton chien gambade, tout excité. Il va sauter des haies, ramper dans des tunnels, escalader des poutres et slalomer entre les obstacles... Mais l'agility n'est pas un numéro de cirque. C'est avant tout un jeu, qui se pratique à deux. À ses côtés tu vas courir, l'encourager, l'aider, le féliciter. Et ton chien sera fou de joie.

Sauter cette barrière, sans faire tomber une barre, un jeu d'enfant pour ce petit labrit !

Ne le force jamais !

Ton chien hésite, tremble devant la passerelle, le tunnel ou la balançoire ? Si tu le forces et qu'il tombe, plusieurs semaines d'efforts sont perdues en une minute ! Encourage-le plutôt en lui donnant l'exemple ou en le tirant doucement par la laisse. S'il se dérobe, ne le gronde pas. Propose-lui un autre jeu qu'il réussit bien, quitte à recommencer plus tard. Et ne prolonge pas la séance si tu sens une lassitude de son côté ou du tien.

Saut à travers l'obstacle.

À son rythme et à son niveau

L'agility n'exige ni dressage particulier, ni critères de sélection. Ton chien doit surtout être obéissant, mais c'est tout naturel si tu l'as bien éduqué ! Bien sûr, les « poids lourds » ou les races naines auront quelques difficultés à sauter les obstacles. Mais après tout, si, pour franchir une barrière, le petit chien passe dessous au lieu de l'enjamber, peu importe, pourvu qu'il s'amuse… De ton côté, pas besoin non plus d'être un athlète accompli : avec un peu d'entraînement, tu arriveras en même temps que ton copain !

Pourquoi pratiquer en club ?

C'est pour toi l'occasion de te retrouver entre copains des chiens et pour lui celle de faire connaissance avec ses congénères de tous poils. C'est stimulant de concourir ensemble bien plus que de jouer tout seul dans son coin ! Comme tous les sports, l'agility se pratique aussi en compétition. L'important n'est pas d'arriver le premier, mais d'être le plus agile.

Exercice d'obéissance au Cruft's Show de Londres.

À qui s'adresser ?

Pour savoir où trouver le club d'agility le plus proche de chez toi, consulte la Société canine régionale de ton département.

Un stage…

T'inscrire dans un club te coûtera au minimum par an 50 F (licence et assurance) et entre 400 et 800 F d'adhésion. Une idée originale pour tes vacances : avec ton chien, inscris-toi, à un stage d'agility.

Un livre…

Tu peux te procurer le livre :
L'agility dog, j'aime (Prix : 90 F), en écrivant à M. K.G. Le Moing, Le Clos Saint-Hilaire, Chazelette, 63390 Saint-Gervais-d'Auvergne.

Les courses de lévriers

Ils portent dossard et numéro, on les admire au champ de courses où ils remportent des prix... Non, ce ne sont pas des chevaux mais bien des lévriers !

Nés champions

Tu as un whippet ou un greyhound ? Ce sont les champions de la vitesse sur piste, sélectionnés par les Anglais pour la compétition. Bien entraîné, il a toutes les chances de gagner une course. Seule condition, il doit avoir au moins 18 mois. Sinon, il risquerait en plein effort, de se déchirer les tendons et les ligaments. En attendant, emmène-le souvent au cynodrome pour l'habituer à la foule et à l'excitation des chiens. Très vite, il adorera ça !

Un chien qui en attaque un autre est aussitôt éliminé, même avec la muselière obligatoire !

À l'arrivée, essaie d'arracher le leurre à un lévrier sans muselière. Impossible !

Moment d'émotion

Ils sont six dans leurs boîtes à attendre que la porte s'ouvre. Le leurre est lancé sur le rail et les chiens, brusquement libérés, bondissent comme des diables. Flanc contre flanc, ils atteignent le virage en quelques secondes... Le plus rusé en profite pour bien se placer : il passe en tête ! À près de 60 km/h au bout de la seconde ligne droite, il franchit le premier la ligne d'arrivée. Les gens l'acclament, il tremble de fatigue et de bonheur.

Comme un athlète

Y a-t-il des contrôles antidopage ? Oui, depuis quelques années ! Mais pour remporter un prix minime, les maîtres ne prennent pas le risque d'empoisonner leurs chiens avec des médicaments. Cependant, comme pour les athlètes de haut niveau, ton chien a besoin d'être massé avant et après chaque effort. Avant de courir, un bon échauffement réduit les risques d'entorses et de claquages.

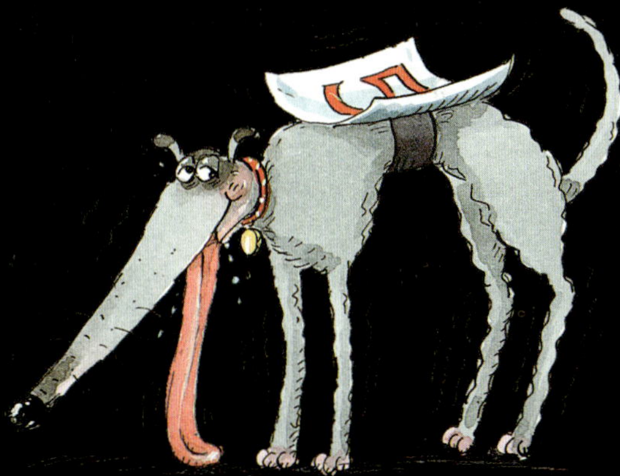

142

Un entraînement mesuré

La vitesse, pour lui, est innée, mais elle ne suffit pas. Pour gagner du souffle, le lévrier a besoin d'un entraînement régulier. Fais-lui faire de longues marches pour le muscler et durcir ses pattes, entrecoupées de brefs galops. À toi de bien mesurer son effort car le lévrier ne sait pas économiser ses forces. S'il court le dimanche, les exercices auront lieu les mardis, mercredis et jeudis ; repos les autres jours. Bien sûr, tu surveilleras aussi son poids avec attention. Pendant les courses et l'entraînement, il faudra lui donner une nourriture plus riche en protéines et en lipides.

Courir sur un cynodrome s'apprend. Au maître d'encourager son chien. Mais une fois lancé, le chien ne s'arrête plus...

La passion des Anglais

Les courses sur cynodrome avec pari mutuel existent aux États-Unis, en Australie, en Espagne, en Chine et en France. Mais c'est en Grande-Bretagne que le spectacle est le plus apprécié avec plus de 100 cynodromes. 4 millions de spectateurs assistent aux courses (contre 14,5 millions en 1961) et 20 000 greyhounds y participent régulièrement ! Et le chiffre d'affaires total dépasse le demi-milliard de francs !

Indépendant

Le lévrier afghan est un peu lourd, et ne dépasse pas le 45 km/h. En plus, les parieurs ont parfois de mauvaises surprises : il n'en fait qu'à sa tête !

143

Endurance

Si tu le maintiens en pleine forme, ton lévrier peut courir toutes les semaines pendant la saison, qui dure de mars à octobre. Et ce jusqu'à l'âge de 9 ou 10 ans ! Mais n'en fais pas une « bête de concours » : ton copain a aussi besoin de tendresse. D'ailleurs, s'il est bien dans sa peau, ses performances n'en seront que meilleures.

Deux types de compétitions

Le pari mutuel

En France, les épreuves à pari mutuel sont organisées par les 18 sociétés de courses agréées. Tu peux engager un chien ou deux, mais c'est le directeur des courses qui choisit la catégorie, en fonction des derniers résultats obtenus. Les prix décernés aux gagnants varient entre 50 F et 500 F par réunion.

Le travail

Les épreuves de travail, environ 60 par an, sont organisées par les clubs de lévriers affiliés à la Société centrale canine. Elles se disputent dans chaque race, par catégorie de sexe, de taille et de vitesse.

Points communs

Dans les deux cas, le chien doit être inscrit au Livre des origines français et les courses se déroulent sur les mêmes cynodromes. En réalité, il n'y a presque pas de différence, car les courses de lévriers restent un sport d'amateurs en France.

Précisions

- Quelle distance ? Entre 250 et 350 mètres pour le whippet, le petit lévrier italien, le basenji et le greyhound. Entre 420 et 520 mètres pour le greyhound et toutes les autres races de lévriers non citées précédemment.
- Quelle vitesse ? Le greyhound : environ 60 km/h. Le whippet : environ 55 km/h. Le saluki : environ 50 km/h. L'afghan : environ 45 km/h. Le petit lévrier italien : environ 40 km/h.

144 Copain des chiens

La poursuite à vue sur leurre

Depuis 1944, les lévriers n'avaient plus le droit d'exercer leurs talents en France. Il a fallu attendre 1984 pour que des épreuves de poursuite à vue sur leurre soient organisées ; ce qui leur permet de conserver leurs qualités sportives.

Haro sur le lièvre !

Toutes les conditions d'une véritable chasse au lièvre sont réunies artificiellement. Le parcours est jalonné d'obstacles naturels sur 500 à 900 m, et un système d'une dizaine de poulies permet de modifier brusquement la trajectoire du leurre : une peau de lapin avec des rubans colorés, attachée avec une ficelle et actionnée par un moteur.

Comment concourir ?

Chaque club de travail de lévrier possède généralement un ou plusieurs terrains d'entraînement ou de démonstration. Les épreuves officielles sont organisées de mars à novembre par la commission Lévriers de la Société centrale canine.

Course folle

Le « lièvre » vient de bondir dans l'herbe, entraînant à ses trousses les deux lévriers (de même race) qui trépignaient d'impatience sur la ligne de départ. Changement de direction ! Les voilà obligés de freiner de leurs quatre pattes. Ils foncent à travers champs, sautent par-dessus les troncs d'arbres et les ruisseaux... Et terminent leur course folle par un sprint en ligne droite de 60 à 100 mètres.

Concurrents ou alliés ?

Le vainqueur est celui qui s'est approché le plus près du leurre. Mais le juge note également son enthousiasme à poursuivre le « lièvre », son habileté à franchir les obstacles, sa rapidité d'esprit à effectuer les crochets et, bien sûr, sa façon de chasser avec son coéquipier. Tous deux peuvent en effet s'entendre pour tendre un piège au « lièvre » et lui couper la voie... Comme au temps des chasses au loup ou à la gazelle...

Un cache-col de couleur différente ou une casaque permettent aux juges et aux spectateurs de suivre de loin la course des deux concurrents.

Leurre ou proie...

En France, le leurre est toujours artificiel. Aux États-Unis, en Angleterre et en Espagne, on lâche parfois une proie vivante...

La chasse

À l'origine, tous les hommes étaient chasseurs, et tous les chiens aussi. Ayant appris à se connaître, ces deux concurrents conclurent peu à peu un pacte d'amitié. Le canidé sauvage aidait son maître à capturer les proies, il gagnait en retour le gîte et le couvert, parfois les caresses...

Quel chien choisir ?

Aujourd'hui, la chasse n'est plus une activité de survie : peu importe de rentrer bredouille, si la promenade était belle et si le chien a bien travaillé ! Mais les spécialistes choisissent quand même une race de chiens adaptée à leur mode de chasse : chasse au marais, au bois, en plaine, chasse solitaire ou en battue...

L'embarras du choix !

Impossible de citer tous les chiens de chasse, mais tu trouveras les épagneuls, les braques, les setters, les retrievers (labrador par exemple), les spaniels (cocker par exemple) les bassets et les terriers (fox et teckels)... Pour simplifier, classons-les en 2 groupes : les chiens d'arrêt (ceux qui s'arrêtent dès qu'ils sentent le gibier) et les chiens courants (ceux qui poursuivent le gibier). Mais quelquefois, la distinction n'est pas aussi nette...

À chacun son terrain

Certaines races, comme le pointer, le setter et la plupart des braques, ont besoin d'espaces dégagés. Ils quadrillent au galop le territoire de chasse, loin de leur maître. Quand l'effluve d'un gibier leur chatouille les narines, ils le localisent et se figent jusqu'à l'arrivée du chasseur. Les autres, au contraire, sont des chiens « tout-terrain » : ils ratissent les fourrés et les bois mais restent en contact étroit avec leur maître. Si épagneuls, korthals et drahthaars « arrêtent » le gibier, cockers et autres spaniels le lèvent à portée de fusil.

Chiens d'arrêt polyvalents

Les Anglais font de leurs setters et de leurs pointers des chiens d'arrêt purs ; ils ne rapportent pas, c'est le travail des labradors et autres retrievers. Les Allemands, au contraire, entraînent leurs braques à tout faire : broussailler au bois, arrêter la plume et le poil en plaine, rapporter sur terre et à l'eau, rechercher le grand gibier blessé. À mi-chemin, les Français demandent au chien d'arrêt et au leveur de gibier (cockers et autres spaniels) de rapporter l'animal tué.

En pleine course...

Les chiens courants

À courre ou à tir, les chiens courants donnent libre cours à leur instinct de poursuite. Pendant des kilomètres ils suivent, le nez collé au sol, la piste d'un animal. Et ce n'est pas toujours simple de déjouer ses ruses ! Les grands chiens de vénerie, appelés aussi chiens d'ordre, courent en meute le cerf, le sanglier ou encore le chevreuil durant des heures : français, grands anglo-français, poitevins, billys, fox-hounds... Les chasseurs suivent à cheval les péripéties de la poursuite, guidés par les aboiements de la meute.

Petits chiens

Les petits chiens courants sont utilisés à la chasse à courre au lièvre ou au renard, mais le plus souvent à la chasse à tir : ce sont les bassets et griffons, beagles et harriers, petits anglo-français, porcelaines, brunos du Jura... Et aussi quelques terriers comme les fox ou les teckels.

Une meute de 5 anglo-français de petite vénerie.

L'élever fermement ou en douceur ?

Un chien de chasse indiscipliné est inefficace. L'éducation du chien courant n'est pas très poussée, mais sous peine de le voir disparaître dans la nature, mieux vaut lui apprendre à obéir à deux commandements simples : marcher derrière son maître et revenir à l'appel de la trompe ou du sifflet. Dresser un chien d'arrêt exige patience et psychologie. Même si chez lui « arrêter » est un réflexe naturel, rester immobile devant la proie l'est moins. Il doit réfréner son envie de la poursuivre. Son maître lui apprendra à s'aplatir au sol à l'ordre donné. Plus tard, le chien pourra aller chercher le gibier tiré, mais attention, il doit le saisir délicatement, avoir la dent douce et ne le lâcher qu'à l'ordre : « Donne ! »

Il porte bien son nom celui-là : chien de Saint-Hubert ; il serait l'ancêtre de tous les grands chiens de meute.

Chiens « de rouge »

Tout chasseur digne de ce nom se doit de retrouver l'animal qu'il a blessé, afin d'abréger au plus vite ses souffrances. Pour cette forme de pistage, les Allemands ont sélectionné deux races – le chien de rouge de Bavière et le chien de rouge de Hanovre – mais tous les chiens de chasse peuvent être éduqués à la recherche au sang. Les teckels sont des as dans ce domaine : ils sont capables de retrouver un chevreuil 24 heures après le coup de feu. Mais c'est aussi et surtout un travail d'équipe : le conducteur doit voir tous les indices que lui montre son compagnon. Il doit bien connaître le comportement des grands animaux, mais aussi celui de son chien pour distinguer ses hésitations, voire ses erreurs.

Au chenil ou à la maison

Les chiens de chasse (excepté peut-être ceux qui vivent en meute) sont des chiens sociables, les mieux adaptés à la vie de famille. Pourtant, à entendre certains chasseurs, « un chien de chasse doit rester au chenil ; jouer avec les enfants lui donne de mauvaises habitudes et casse son instinct de la chasse »… En fait, quand le chasseur décroche son fusil, le chien de chasse abandonne aussitôt son coussin. En s'occupant bien de son chien, l'homme éveille l'intelligence de son compagnon. L'animal comprend mieux ce qu'on attend de lui et, sur le terrain, il sera un complice, non un « fauve » lâché dans la nature.

Les courses de traîneaux

Tu possèdes un chien nordique ? Sa vocation est de courir devant un traîneau. Qu'à cela ne tienne, si tu habites en montagne. Essaie d'abord la pulka : un chien suffit pour tirer cette luge aussi lourde que lui. Et toi, attaché derrière, tu n'as plus qu'à le suivre sur tes skis de fond !

Beaucoup d'efforts pour tirer le traîneau, mais toujours une sacrée aventure !

Les grands espaces

Au début, tu te lances un peu dans l'aventure pour faire plaisir à ton compagnon. Mais très vite tu te prends au jeu. Dans ce paysage tout blanc qui défile, tu te sens comme un héros de Jack London ou un explorateur à la conquête des pôles. Tu t'imagines à la tête de 3, 4 chiens et plus, menant un vrai traîneau... Si tu en as vraiment envie, inscris ton ami dans un club où il pourra se joindre à d'autres attelages. À condition que les animaux se connaissent bien et courent souvent ensemble.

Qui mène l'attelage ?

C'est toi, bien sûr ! Tu devras apprendre sérieusement ton métier de *musher* (c'est ainsi qu'on appelle le conducteur des chiens). Pour le débutant, les premières sorties ressemblent plutôt à de la voltige : difficile de maintenir son équilibre sur les étroits lugeons. Le traîneau brinquebale en passant sur les bosses. Un virage mal négocié, et le voilà les patins en l'air !

À chacun sa place

Plusieurs mois d'observation sont nécessaires pour déterminer la place de chacun dans l'attelage. D'abord, tu dois choisir un leader très obéissant, courageux et sûr de lui. Mais ce n'est pas forcément le chef de la meute. Pour éviter les bagarres, le *musher* choisit souvent une femelle. À l'arrière, juste devant le traîneau, les *wheelers* sont les plus puissants. Les plus rapides, eux, doivent être placés à l'avant. Certains enfin sont plus à l'aise à droite qu'à gauche... Tout cela, bien sûr, sans oublier de respecter scrupuleusement leur rang dans la hiérarchie canine...

Sais-tu parler chien de traîneau ?

Voilà le langage universel qui permet à tous de diriger des attelages différents :

- « Yake ! » : en avant ! (prononce yèk).
- « Whoa ! » : stop ! (prononce ho).
- « Gee ! » : à droite ! (prononce dji).
- « Haw ! » : à gauche ! (prononce hao).

La course, une passion qui se travaille

Partager avec eux le plaisir de l'effort, la volonté de gagner, d'aller toujours plus vite, c'est un « virus » que tu attrapes et dont tu ne peux bientôt plus te passer. Mais cela réclame un entraînement toute l'année, à bicyclette ou en kart pendant les beaux jours !

Avec sa tête

Mais il faut courir aussi avec sa tête ! Comme le marathonien, le leader adapte sa vitesse de départ à la distance qu'il a l'habitude de parcourir. Aussi, tu as intérêt à le faire s'entraîner sur un parcours plus court que celui prévu en compétition : le jour de la course, la stimulation aidant, l'attelage saura se surpasser.

Les fédérations

La Fédération française de sports de traîneaux, de ski-pulka et de cross canin (FFST) est la seule reconnue et déléguée par le ministère de la Jeunesse et des Sports. Elle est ouverte à tous les chiens, quelle que soit leur origine. La Fédération française de pulka et de traîneau à chiens n'accepte que les chiens nordiques de pure race.

De nombreuses courses à étapes, d'une durée de 1 à 2 semaines, se sont développées ces dernières années en Europe. Par exemple, la Transalpe Paul-Émile Victor est une course de 500 km. Elle relie la côte méditerranéenne à Chamonix sur le parcours utilisé en 1938 par le célèbre explorateur français.

Un attelage de course sur longue distance.

Tout dans la voix

À toi de savoir sauter en marche dans les passages délicats et de rattraper ensuite au vol les montants arrière... Car une fois lancés à 25 ou 30 km/h, les chiens ne s'arrêtent plus. Ni rênes, ni fouet pour diriger l'attelage, et le frein est assez rudimentaire. Il ne te reste que l'autorité de la voix.

À lire :

- *Les Chiens de traîneaux* de D. Grandjean, éd. Amphora (1987).
- *Chiens de traîneaux, compagnons du risque* de Paul-Émile Victor, éd. Flammarion (1974).

Concourir

Tu peux toi aussi participer à des épreuves organisées par les fédérations. En France, les courses de vitesse sont classées par catégories suivant le type d'attelage :

- S (Scandinave) : attelage composé de 1 à 4 chiens tirant une pulka ; parcours de 10 à 12 km.
- Catégorie 4 chiens : 3 à 4 chiens sur un parcours d'environ 8 km par manche.
- Catégorie 6 chiens : 4 à 6 chiens sur un parcours de 12 km par manche.
- Catégorie 8 chiens : 6 à 8 chiens sur un parcours de 15 km par manche.
- Catégorie illimitée : plus de 8 chiens sur un parcours d'un minimum de 20 km par manche.

L'âge minimum pour y participer est de 14 ans.

Trois sortes d'épreuves

- La course de vitesse se déroule en 2 manches, le samedi et le dimanche, avec le même kilométrage et le même parcours. Entre 6 et 25 km en France selon les catégories, jusqu'à 32 km aux États-Unis. Le terrain, sans difficulté particulière, est accessible à un skieur de fond.
- La course sur moyenne distance varie selon les pays entre 30 et 100 km et comporte 2 catégories : attelages de 4 à 6 chiens et attelages de plus de 6 chiens. Elle se déroule en deux ou plusieurs étapes, sur un terrain accidenté.
- La course sur longue distance est réservée à des attelages de 8 à 18 chiens. Les plus célèbres sont l'Iditarod en Alaska (1 800 km), la Yukon Quest entre le Canada et l'Alaska (1 700 km) et la Beargrease dans le Minnesota (500 km). Tous les vrais *mushers* rêvent d'engager un jour leur attelage dans ces courses prestigieuses...

En faire un champion

Tu aimes la compétition ? Ton chien a ses papiers ? Présente-le à un juge de la Société centrale canine. Tu as le choix entre concours de beauté et épreuves de travail. Mais pour obtenir le titre de champion de France ou international, certaines races doivent remporter des prix dans les deux catégories.

Expositions canines

À tes yeux, ton chien est le plus beau de tous ! Mais tu risques quand même d'être déçu en participant à une exposition canine. Pour un amateur comme toi, les éleveurs sont de redoutables adversaires… La renommée des professionnels dépend souvent des médailles récoltées ; aussi passent-ils de longues heures à préparer leurs chiens aux concours. Ils savent les présenter au mieux de leur forme, et cacher leurs éventuels défauts par de savants coups de peigne.

En 1989, le championnat de France couronnant les plus beaux chiens a eu lieu en plein air, sur le champ de courses de Longchamp, au mois de juin. Il s'y déroule depuis, chaque année, à la même époque.

La pression des concours

Les petits « trucs » qui font la différence, tu ne peux les acquérir qu'en fréquentant régulièrement les expositions. Car tu n'obtiens pas toujours de ton chien l'allure idéale imposée par le standard de sa race. Mets-toi à sa place : il passe la journée enfermé dans une cage, dans un lieu plein de bruits et d'odeurs. Autour de lui, d'autres chiens aboient, des badauds le regardent et l'agacent. Quand arrive enfin son tour de passer devant Monsieur le juge, celui-ci le palpe sous toutes les coutures, examine ses dents, te demande même de marcher avec lui.

Il y a un siècle, les premières expositions canines rassemblaient une cinquantaine de chiens ! En 1987, l'exposition de Cruft, à Londres, en a réuni 15 000 !

Ces deux border collies ont remporté la victoire.

Perfection exigée

Malgré tous ces tracas, ton copain doit non seulement rester calme, mais encore « faire le beau » ! Observe attentivement ces chiens : avec l'habitude, certains d'entre eux deviennent de vrais « cabots » et raflent ainsi les plus hautes récompenses, face à leurs concurrents nerveux ou inquiets…

Comment participer à une exposition ?

Pour débuter, mieux vaut éviter les grandes expositions comptant pour le titre de champion de France ou de champion international. Les sociétés canines régionales, les clubs de race, la Société centrale canine organisent souvent des expositions. Demande-leur les dates et les formulaires d'engagement.

Les concours de travail

Ton chien y fait la preuve de ses aptitudes. Il est peut-être plus à l'aise dans les épreuves sportives ? Pas de problème : presque toutes les races peuvent participer à des concours de travail. Même si tu possèdes un caniche, entraîne-le à la recherche des truffes ou à l'agility ; il a toutes les chances d'être classé. Les lévriers ont leurs épreuves de vitesse et de chasse au leurre artificiel ; les chiens de traîneaux participent à des courses ; le terre-neuve peut obtenir son brevet de sauvetage.

Les épreuves

Les chiens d'arrêt, les retrievers et les chiens broussailleurs font leurs preuves dans les *field-trials* (concours dans les champs) ; les chiens courants aussi peuvent gagner leur brevet de chasse ; les terriers et les teckels ont leurs propres épreuves. Quant aux chiens de garde et de défense, ils se distinguent dans les épreuves de pistage bien sûr, mais aussi dans le travail en ring.

Le ring

Pour y participer, ton chien doit déjà posséder son brevet de chien de défense. Il l'obtiendra en s'entraînant dans l'un des nombreux clubs existants.

Un sport et rien d'autre

Les épreuves de ring consistent en des exercices d'obéissance, des sauts d'obstacles, des rapports et des gardes d'objets, des refus d'appâts, des exercices de mordant et de défense du maître. Les plus spectaculaires sont bien sûr les attaques. Mais ne va pas t'imaginer que l'on dresse le chien à devenir méchant ! C'est au contraire un jeu très codifié. L'animal réagit uniquement à la vue du costume matelassé, que porte celui qui fait mine d'attaquer son maître.

Réservé aux chiens équilibrés

Quand « l'agresseur » quitte sa panoplie de protection, le chien lui fait la fête. Loin d'être un loubard, c'est plutôt un boxeur loyal qui, dès qu'il a ôté ses gants, ne cherche plus à se battre. Toutefois, ces exercices doivent être réservés aux chiens (et aux maîtres !) très équilibrés. Peureux et agressifs, s'abstenir...

Chiens de ring

Airedale-terrier, beauceron, berger allemand, berger belge (quatre variétés), berger hollandais, berger picard, berger des Pyrénées, bouvier des Flandres, bouvier bernois, boxer, briard, colley, dobermann, hovawart, puli, rottweiler, schnauzer géant, schnauzer moyen.

Les rac

de chiens

es

Des chiens, il en existe de tous poils, de toutes tailles et de toutes les couleurs. Chacun a son caractère et ses besoins particuliers. Parmi les races présentées, beaucoup te sont familières. Mais connais-tu leurs petites manies et leur passé ? Sais-tu que ces chiens ont aussi des frères et des cousins tout aussi intéressants ? Tu as vraiment l'embarras du choix.

Le barzoï

Qu'il te plaise ou non, il ne te laisse pas indifférent ! Ce lévrier, à la haute silhouette distinguée, sort tout droit d'un concours d'élégance. Tu te sens tout petit devant ce grand seigneur. Mais si tu n'aimes pas qu'on t'impose quoi que ce soit, choisis le barzoï : il te ressemble beaucoup.

Leur fourrure ondulée est de couleurs multiples et, pour l'entretien, un brossage à fond une fois par semaine suffit.

Montrer patte blanche

Si tu attends des invités, pense à faire les présentations. Avec lui, les inconnus ne sont pas toujours les bienvenus à la maison. Il n'aboie pas, mais ses va-et-vient silencieux deviennent inquiétants quand il se met en plus à pousser des grognements.

Indépendant et fier

Habitue-le très tôt à répondre à l'appel de son nom, cela pourra t'éviter des histoires : ce chasseur poursuit d'instinct tout ce qui bouge. Mais ne hausse jamais le ton pour lui parler : ton ami te fera comprendre avec un air dédaigneux que tu n'as qu'à t'expliquer calmement. Avec lui, ne t'attends pas à des effusions de tendresse. Pour te dire qu'il t'aime, le barzoï viendra discrètement passer sa longue tête sous ton bras, ou la poser délicatement sur tes genoux. Son amour est pudique et exclusif.

Standard de race

Taille mâle : 70-82 cm
Taille femelle : 65-77 cm
Corps : poitrine profonde et étroite. Dos très musclé formant un arc.
Tête : très longue et très mince.
Poil : long, soyeux et ondulé.

La passion de courir

Malgré son air nonchalant, ce superbe animal taillé pour la course a grand besoin d'exercice. Tu veux lui faire plaisir ? Fais de l'équitation. Sa foulée ample et souple se mettra au diapason de ton cheval... Trot, galop, il est capable de suivre toutes les allures. Si tu en as l'occasion, tu peux aussi l'emmener le week-end courir dans des cynodromes, où il se mesurera à d'autres lévriers. Mieux encore, fais-le participer à des épreuves tout-terrain de poursuite à vue sur leurre artificiel : cela lui rappellera le bon vieux temps de la chasse au loup !

Dissuasif...

La taille du barzoï suffit à dissuader les malfaiteurs. Il pèse jusqu'à 45 kg et n'a pas un poil de graisse ! Il montre très rarement les crocs. Heureusement, car sa mâchoire est impressionnante.

Caractère : chasseur ardent et courageux. Intelligent et fidèle. Assez patient avec les enfants.

Le barzoï était le favori des tsars.

Sur la piste du loup...

Depuis déjà plus de deux heures, il somnole, les yeux mi-clos, couché majestueusement devant la cheminée. Des images pleines de vent et de poussière défilent dans sa tête. Il revit toujours la même scène : à ses côtés deux autres barzoïs, de même taille et de même couleur. Retenus par des laisses en soie et enfermés dans une troïka brodée d'or et d'argent, ils attendent que l'on débusque le loup.

Lévriers d'Asie

Arborant une fourrure superbe comme toutes les bêtes d'Asie, les lévriers russe, afghan et persan ne sont pas nés d'hier. Même s'ils nous fascinent, n'en faisons pas des objets de décoration. Faits pour la chasse et habitués à un climat rude, ce sont des chiens ivres de liberté et d'espace. Simples balades ou courses organisées, peu importe pourvu qu'ils puissent courir.

◀ Le lévrier persan ou saluki ▲

Quelle douceur et quel mystère dans le regard du saluki ! Mais il faudra d'abord savoir l'apprivoiser, car c'est un grand timide qui ne supporte pas d'être mis en cage, même si elle est dorée. Sa minceur apparente cache des muscles nerveux et plats. Les grands cheikhs du Proche-Orient en ont fait leur favori pour chasser le lièvre et la gazelle, tandis qu'en Iran, il est tout simplement considéré comme un don d'Allah !

... au coin du feu

Enfin on les libère, et les voilà qui s'élancent dans une course effrénée à la poursuite de l'animal. Lui, le plus rapide de tous, va lui couper la route. Il saisit le loup à l'oreille, et tous deux roulent à terre dans un élan féroce, tandis que les autres chiens arrivent à la rescousse... Et puis le tien se réveille en sursaut, tout étonné d'être là. Il est pourtant bien fini, le temps glorieux où il chassait dans l'équipage du tsar et des princes russes…

Rappel de mauvais souvenirs

Aujourd'hui encore, si avec ton barzoï tu croises un berger allemand, change de trottoir et tiens bien ton chien en laisse : le barzoï n'a pas oublié son ennemi de toujours : le loup.

◀ Le lévrier afghan ▶

Très chic, le lévrier afghan ! Pourtant dans ses montagnes natales, c'est aussi un travailleur acharné : il chasse la chèvre sauvage et le léopard des neiges, il garde les troupeaux et il transporte même des marchandises que les hommes lui attachent sur le dos. Avec sa raie au milieu, il est vraiment royal ! Seulement attention, il faut prévoir environ trois heures de toilettage par semaine... Mais quand on aime, on ne compte pas ! ▼

Le basset-hound

Au ras du bitume, le basset-hound semble traîner son mal de vivre dans une peau trop grande pour lui... Tu ris de sa dégaine, ou tu t'apitoies sur sa mine de chien battu ? Ne te laisse pas prendre à son jeu : sous ses airs de vieux sage pensif, il cache un tempérament de sportif. Et dans sa poitrine, bat un cœur joyeux !

Drôles de dimensions

Demi-chien en hauteur et double chien en longueur : chez lui, tout est démesuré ! Sa tête bombée est toute plissée, ses yeux pochés ont une expression mélancolique, ses oreilles veloutées pendent jusqu'à terre...

Tu l'as reconnu ? C'est le chien de l'inspecteur Colombo. Dans certains épisodes du feuilleton, tu les aperçois ensemble, tous les deux aussi chiffonnés.

Des oreilles qui traînent...

Tu as toujours peur qu'il se prenne les pattes dedans : elles sont si longues que tu peux même lui en faire un cache-nez ! Et si tu ne veux pas qu'elles trempent dans la soupe, sers-lui ses repas dans une écuelle surélevée.

Si tu ne veux pas qu'il fasse trop de bêtises, éduque-le avec fermeté dès son plus jeune âge.

Un pince-sans-rire

Il est drôle et il le sait, parfois même il en abuse, pour faire oublier son caractère de cochon. Qu'il soit très têtu, c'est plutôt une qualité chez un chien courant comme lui, habitué à poursuivre pendant des heures un gibier. Mais dans la vie quotidienne, le basset-hound conserve la même volonté de finir tout ce qu'il entreprend, même les pires bêtises !

Indépendant mais attachant

Il refuse de traverser la rue ? Il est alors capable de s'aplatir comme une carpette en plein milieu de la chaussée. Il vient de renifler l'odeur d'un lapin ? Il t'arrache la laisse des doigts pour disparaître dans les buissons... Mais ne t'inquiète pas : il a un tel sens de l'orientation qu'il sera de retour devant la porte de la maison avant toi. Le comble, c'est qu'il osera te faire la tête en te reprochant de l'avoir abandonné ! En fait, il prend les devants pour détourner ta colère. Et toi, tu finis par pouffer de rire...

Standard de race

Taille mâle : 33-38 cm
Corps : long et profond. Poitrine large, cou musclé.
Tête : crâne arrondi et oreilles pendantes.
Poil : court, lisse et serré.
Caractère : chasseur endurant, placide et entêté. Affectueux, doux, s'entend bien avec les enfants.

Un coureur de lapins !

Ventre à terre, oreilles essuyant la rosée, le basset-hound est loin d'être ridicule à la chasse. Certes, il n'est pas le plus rapide, mais il va son petit bonhomme de chemin sans peiner. Rien ne l'arrête. Le nez collé au sol, il suit la bonne piste, et il ne lâche jamais sa proie : lapin, lièvre, chevreuil... Courir en meute pour lui est une vraie fête !

Plus gros qu'on ne croit !

Court sur pattes mais allongé, le basset-hound pèse le même poids qu'un berger allemand, soit environ 30 kg ! Un vrai boulet de canon quand il saute sur tes genoux ! Il a aussi un solide appétit : 400 g de viande par jour et autant de riz et de légumes. Chaparder un steak oublié sur la table ne lui procurera pas le moindre remords : il s'en pourlèchera encore les babines en écoutant distraitement tes cris d'indignation.

Pitié, pas d'escaliers !

Si tu habites au sixième étage sans ascenseur, ne prends surtout pas ce chien-là pour copain, à moins de bien vouloir le descendre toujours dans les bras : les escaliers sont redoutables pour sa colonne vertébrale !

« Pépère », lui ?

À le voir ainsi, nonchalant, presque ventripotent, tu te dis qu'il doit aimer les coussins et les bons petits plats... C'est vrai, mais ça ne suffit pas. Il aime être en société. Laisse-le seul trop longtemps, il fait le malade et montre des signes d'abattement. Comédie ou pas, la solitude n'est pas pour lui ! Offre-lui plutôt un copain : un autre chien, ou même un chat ! Il entraînera peut-être son complice dans des aventures hasardeuses... mais n'aura pas une mine de papier mâché à ton retour ! Fais-le aussi participer à tes jeux. Tu peux le chahuter : patient et très doux, il est incapable de se rebiffer.

Sa robe bicolore ou tricolore – ou, plus rare, son manteau acajou – ne demande aucun entretien particulier. Seuls les oreilles, les yeux et les griffes sont à surveiller régulièrement.

Vive l'exercice !

Inactif, il aurait vite fait de devenir obèse ! Alors, sors-le le plus souvent possible, même si au départ il rechigne parfois : il aime se faire prier. Mais une fois dehors, tu ne le reconnais plus ! Il est capable de gambader pendant des kilomètres sans se fatiguer. Pas étonnant qu'on l'ait choisi pour faire la publicité de chaussures de sport ! Malheureusement, ce succès lui a aussi joué des tours : chien de chasse à l'origine, il est devenu une vedette pour les citadins à la mode...

Les bassets

Quels rase-mottes pleins d'entrain ! Non, un basset n'est pas un nain. Ses pattes ont tout simplement oublié de grandir. Ainsi, dans une portée de chiots, tu trouves de temps en temps des sujets « bassets », quelle que soit la race... L'« anomalie » a été particulièrement entretenue pour les chiens de chasse. Passe-partout, ils peuvent mener le gibier plus lentement que leurs grands frères, sans rien perdre de leur belle voix grave, ni de leurs qualités de pisteur. Chiens courants de petite vénerie, ils ont su se reconvertir à la chasse à tir ; compagnons sociables et affectueux, ils sont les auxiliaires rêvés des chasseurs qui habitent en ville...

Le basset artésien normand ▲

Tu craques devant les longues oreilles et les splendides couleurs du basset-hound, mais tu le trouves un peu trop encombrant ? Choisis plutôt un basset artésien normand : il pèse moitié moins lourd. Vif comme l'éclair, c'est l'élégance même. Mais chasseur ardent et passionné, il mérite tout de même un jardin assez grand...

Le basset bleu de Gascogne ▲

Certains se disputent à son sujet : est-il une variété bleue du basset artésien normand, ou la forme bassette du grand bleu de Gascogne ? Mais pour toi, peu importe ! Son regard doux, presque timide, cache un tempérament plein de fougue. Sa voix magnifique de hurleur fait trembler tous les animaux de la forêt.

Le petit basset griffon vendéen ▶

En Vendée, on l'appelle le « piagru » ou le « mal coiffé ». Ce n'est pas un reproche, bien au contraire. Sa petite taille et son poil dur et rude lui permettent de se faufiler dans les buissons épineux. Car il n'a peur de rien ! À la chasse, il a même détrôné ses grands frères, le grand basset, le briquet et le grand griffon vendéens.

Le berger allemand

Les uns affirment qu'il est doué de toutes les qualités. Pour les autres, c'est le loup dont il faut se méfier. Le berger allemand, en tout cas, fait parler de lui ! Mais s'il est la race la plus répandue en France comme dans le monde entier, pas de mystère : c'est qu'il rend chaque jour à l'homme d'innombrables services...

Bon chien de berger, c'est un gardien très sûr...

Courage et talent !

Regarde-le sauter une haie : quelle souplesse, quelle détente et quelle force il déploie ! Le berger allemand n'a pas besoin de « frimer ». Sûr de lui, il va d'un trot « coulé » et très allongé. Ses yeux sombres te fixent attentivement et ses oreilles dressées sont à l'écoute. Il sait tout faire, parce qu'on lui a tout appris. C'est pourquoi tu le retrouves toujours en première ligne dans l'armée, la police, les services douaniers, les équipes de secours, au côté des handicapés... Son nez relève tous les défis, et le berger allemand sait aussi s'adapter à toutes les situations nouvelles.

Aux aguets, ces bergers allemands attendent patiemment les ordres de leur maître.

Une étoile est née

Aux États-Unis, il détecte les fuites de gaz ou de pétrole, les insectes et même les chaleurs des vaches laitières... Avec un tel talent, il est bien sûr devenu une star : Rintintin au cinéma, Mabrouk et Junior à la télévision : pas de doute, le berger allemand crève l'écran !

Au service de son maître

Né pour servir, ce chien place toujours son maître au sommet de la hiérarchie. Encore faut-il que celui-ci se montre « à la hauteur » et mérite sa confiance... Car le berger allemand est une « mécanique » de haute précision, qui nécessite une éducation bien conduite. Obéir pour lui, ce n'est pas une contrainte, mais une preuve d'amour.

Si l'on compte en France environ un million de chiens de type berger allemand, 15 % seulement possèdent un vrai pedigree...

Standard de race

Taille mâle : 60-65 cm
Taille femelle : 55-60 cm
Corps : solide et musclé. Cou robuste, poitrine profonde, arrière-train puissant.
Tête : robuste. Yeux et oreilles de taille moyenne.
Poil : droit, dur, plaqué. Sous-poil épais.
Caractère : vigilant, docile et très courageux. Nécessitant un dressage adapté, il est obéissant et d'une fidélité à toute épreuve. Gai et sportif, il a besoin d'espace et d'exercice.

Le chiot laisse pendre ses oreilles, parfois jusqu'à 6 mois passés ! Mais inutile de les couper : elles se redresseront une fois la croissance terminée.

Donne-lui un rôle

Ce qu'il ne supporte vraiment pas, c'est l'indifférence. Imagine par exemple que ton petit frère vient de naître, et que toute la famille s'affaire autour de lui. Le chien, dans son coin, n'apprécie guère. À toi d'intervenir, en lui faisant comprendre que le nouveau venu n'est pas un rival, mais un petit être fragile à protéger. Il accomplira alors parfaitement sa nouvelle mission.

170 Copain des chiens

Ne l'appelle pas « chien-loup » !

Du chihuahua au dalmatien, tous les chiens descendraient du loup ! Mais pour beaucoup de gens, le berger allemand est celui qui évoque le plus son image. C'est qu'ils ne connaissent pas le siberian husky, beaucoup plus proche de son ancêtre sauvage... Ce surnom, collé à la peau du berger allemand, ne lui fait pas toujours bonne réputation. Pourtant il n'a rien en réalité de ce chien agressif et dangereux qu'on présente parfois. Il est au contraire très réfléchi, et n'intervient qu'à bon escient.

Les bergers belges

À l'origine, il existait en Belgique de nombreuses variétés de chiens de berger. De sélection en sélection, on finit par regrouper quatre d'entre elles en une même race, celle des bergers belges. « *Un pour tous et tous pour un* » ; comme les mousquetaires du roi, ils ont le regard ardent et sont animés du feu sacré dans leurs actions.

◀ Le malinois ▲

Poil court, fauve charbonné et masque noir, voilà d'Artagnan le meneur. Déjà remarqué à Malines pour ses qualités de mordant, il est devenu le compagnon privilégié des services de gardiennage, de la police et des armées. Sérieux concurrent du berger allemand dans les concours de chien de défense, ce chien-là n'est pourtant pas un « robot » : il adore être confronté à de nouvelles aventures et fait preuve d'initiative.

Le berger allemand a besoin de se rendre utile pour s'épanouir et donner le meilleur de lui-même. Junior, la mascotte de l'émission télévisée « 30 millions d'amis », est un excellent élève.

D'où vient-il ?

Le père de la race est le capitaine von Stephanitz, un officier de cavalerie prussien. Il y a tout juste un siècle, celui-ci eut l'idée de réaliser une synthèse des chiens de berger de plusieurs provinces allemandes pour en faire le « chien idéal ». Il imposa aux éleveurs des règles de sélection draconiennes, afin d'obtenir la race la plus complète qui soit. Peu importait alors la couleur ou la nature de son poil, on ne s'intéressait qu'à ses qualités de travail...

Le tervueren ▶

Il est aussi distingué qu'Aramis, même s'il fréquentait à l'origine les brasseries de sa ville natale, Tervuren, dans la banlieue de Bruxelles. La couleur de sa robe peut couvrir une vaste gamme, du sable-gris au fauve-roux (la préférée), pourvu qu'il soit charbonné et bien masqué. Avec lui, use de beaucoup de diplomatie : il est susceptible, et a parfois tendance à se prendre pour le centre du monde !

Le laekenois ▼

Rustique, bourru et ébouriffé comme Porthos, il gardait les moutons dans le parc du château royal de Laeken. Assez peu répandu en Belgique et en France, le laekenois est plus apprécié aux Pays-Bas.

Le grœnendael ▲

Lui, c'est Athos, le beau ténébreux, vêtu d'une fourrure noire somptueuse et austère. C'est qu'il a des origines aristocrates : il est né au château de Grœnendael, dont il tire son nom. C'est un excellent pisteur.

Le berger des Pyrénées

C'est le plus petit des chiens de berger. Sûr de lui, ne craignant pas de se faire mal quand il saute de rocher en rocher, il a vraiment le pied montagnard et prend des risques à te couper le souffle...

En balade, le berger des Pyrénées te montre le chemin le plus facile et t'interdit les passages dangereux. Il faisait la même chose avec les moutons quand il les emmenait à l'estive et il n'a rien oublié !

Responsable et sûr

Tu pars en promenade avec des copains, dont un berger des Pyrénées ? Tes parents peuvent être rassurés. Que vous soyez 4 ou 12, le chien ira toujours chercher les traînards, tout content de pouvoir vous réunir sous sa surveillance. On ne risque pas non plus de vous importuner : méfiant, il se montre très réservé avec les inconnus, et ses aboiements sont vraiment dissuasifs !

Increvable !

Il bénéficie d'une grande résistance : c'est qu'il parcourait dans ses montagnes natales entre 15 et 20 km par jour ! Et s'il commence à pleuvoir, pas de problème pour lui : sa fourrure est parfaitement imperméable.

Le chien qui a vu Dieu

C'est ainsi qu'on l'appelle dans les Pyrénées. Son regard vif et expressif reflète une grande intelligence. Don du ciel ou pas, ne lui pardonne pas toutes ses fantaisies même s'il n'est pas toujours facile de faire obéir ce petit diable ! Apprends-lui tôt (entre 2 et 6 mois) les bonnes manières, sinon il n'en fera qu'à sa tête. Mais sois juste avec lui : c'est un grand sensible !

Son père a un pelage tout noir et, pourtant, le chiot a gardé la couleur fauve de sa mère.

Beaucoup d'espace et peu de soins

Tu t'en doutes, ce compagnon très attaché à ses maîtres supporte mal de rester seul huit heures par jour dans un appartement, ni même dans un jardin. S'il se sent inutile et délaissé, il perd alors toute sa bonne humeur et peut même avoir des réactions agressives. Sans compter les problèmes de voisinage provoqués par ses aboiements de protestation… Malgré son petit format, ce chien n'est vraiment pas fait pour vivre en ville !

Frugal et rustique

Robuste montagnard, le berger des Pyrénées est rarement malade. Il se contente de peu de nourriture. Pour éviter l'eczéma, ne lui donne pas trop de viande : 150 g par jour suffisent, avec autant de riz et de légumes. Et pour aérer sa fourrure, brosse-la une ou deux fois par semaine, à rebrousse-poil avec une brosse en chiendent.

Standard de race

Taille mâle : 40-54 cm
Taille femelle : 38-52 cm
Corps : cou fort, poitrine large et profonde, allure très élégante.
Tête : triangulaire, rappelant celle de l'ours brun.
Poil : touffu, mi-long ou long suivant la variété.
Caractère : très vif, éveillé et hyperactif, c'est un gardien vigilant et courageux. Ce n'est pas un chien facile, il n'est pas adapté à la vie en appartement et il a besoin de beaucoup d'autorité. Renseigne-toi bien sur ses ascendants avant de l'acheter : de nombreuses souches actuelles donnent des animaux agressifs.

Utile à tous !

Isolé dans ses montagnes, le berger des Pyrénées a échappé à la mode et à la sélection parfois excessive des éleveurs. Il a ainsi conservé toutes ses qualités de chien habitué à un travail dur et à une vie en plein air. La Première Guerre mondiale l'a fait connaître au public : dès 1916, comme un soldat, il est mobilisé pour porter des messages et accompagner des patrouilles. Aucun rapport avec les moutons, crois-tu ? Si, il a bien toutes les qualités requises pour ce nouveau métier : c'est un chien débrouillard, courageux et endurant ; il sait prendre des initiatives, et son flair est exceptionnel pour un berger !

Sa frimousse hirsute et pétillante de malice est irrésistible.

Un chien à l'aise dans la nature.

Très demandé

Aujourd'hui, on l'utilise aussi bien pour détecter des explosifs, que pour localiser des truffes. Mais il est aussi de plus en plus recherché comme chien de compagnie, pour son caractère et son look rustique. Les puristes s'inquiètent : s'il reste trop inactif, le berger des Pyrénées risque de perdre ses qualités de travail. Cela serait vraiment dommage...

Venus d'Asie

Le terrier et le dogue du Tibet seraient arrivés avec les armées asiatiques d'Attila et de Gengis Khan. De leurs amours avec des chiens indigènes seraient nées deux races canines dans les Pyrénées : respectivement le berger et le chien de montagne des Pyrénées. La transhumance des moutons étant la spécialité du pays, le berger des Pyrénées fut chargé de conduire les troupeaux, tandis que le montagne, plus gros, protégeait les bêtes, la nuit, contre les loups...

Autres chiens spécialistes des Pyrénées

Ce sont des races à l'état pur. Dans la grande chaîne des Pyrénées, chaque vallée avait autrefois ses propres chiens de berger. Ainsi, en en voyant un, on pouvait deviner facilement son village de naissance : Argelès, Azun, Lavedan... Aujourd'hui, trois variétés seulement sont reconnues officiellement : les poils longs, les demi-longs (ce n'est qu'une question de longueur de frange aux pattes !) et la face rase. Mais tu as le choix dans les couleurs : fauve clair à foncé, gris clair à foncé, noire, et même arlequin...

Le berger des Pyrénées à face rase ▲

Il diffère de son jumeau par un museau un peu plus long, des poils courts et fins sur la tête (d'où son nom) et une robe plus courte. Il est aussi légèrement plus grand. Moins nerveux et moins méfiant avec les étrangers, il a pourtant autant de vivacité !

◀ Le chien de montagne des Pyrénées

Surnommé familièrement « patou » par les gens du pays, c'est lui la vedette du feuilleton télévisé « Belle et Sébastien » ! Mais sous son air nonchalant et brave de gros nounours, le montagne est un prince des ténèbres, redoutable pour les cambrioleurs nocturnes...

Le berger catalan ▲

Plus grand (50 cm pour 10 à 20 kg) que le berger des Pyrénées à poil long, il est aussi plus calme et très doux avec les enfants. Sa tête est plus large, son museau moins pointu et ses oreilles plaquées sur le crâne. Obéissant et intuitif, il est bon à tout faire : conduite du bétail, patrouille de garde ou de police...

Drôles de paires !

Sais-tu quel est le copain du petit berger des Pyrénées ? L'imposant montagne des Pyrénées, six fois plus gros que lui ! À eux deux, ils formaient une belle équipe pour conduire et surveiller les troupeaux ! Mais le couple se retrouve aussi de l'autre côté de la montagne, en Espagne, avec le berger de Navarre, très fort, et le berger catalan.

Le bichon

Mais quel est donc ce petit animal qui roule ou qui nage sous une cascade de poils blancs ? Auréolé, le maltais, ébouriffé, le frisé, ils ont tous deux une bonne voix quand ils veulent se faire entendre.

Un vrai chien, pas un coussin !

Le bichon aime prendre ses aises et recherche la chaleur des sofas moelleux. Mais joue dans le jardin, et tu le verras apparaître bien vite avec son air déluré et polisson. Regarde-le faire le fou dans l'herbe : il est infatigable !

Éblouissant comme une mariée ; c'est pourtant sa tenue de tous les jours...

Bon pour tous

Après avoir été le chouchou des marquises, le bichon frisé fut au siècle dernier l'ami des saltimbanques, des joueurs d'orgue de Barbarie et des aveugles, car ses tours permettaient de remplir leurs cagnottes. Mais lui non plus ne reste pas à se faire admirer. Espiègle et monté sur ressorts, son plus grand plaisir est de sauter dans tes bras, sans prendre d'élan !

« C'est notre rayon de soleil », disent les vieilles personnes qui en ont un. Ce n'est pas une excuse pour trop le choyer, même s'il adore ça.

Le bichon maltais a de la classe, c'est sûr. Certains lui font même porter des papillotes, pour mieux le... bichonner !

Les papillotes

En s'amusant dans le jardin, comment lui éviter de salir sa robe longue de plus de 20 cm ? Rien de plus facile : il suffit d'enrouler ses poils, mèche par mèche, dans du papier de soie ou de Sopalin. Avec les papillotes, on se moquera peut-être un peu de lui, mais au moins ce sera un chien libre et heureux !

Standard de race

Taille mâle : 20-30 cm

Corps : légèrement allongé. Encolure assez longue. Poitrine développée.

Tête : harmonieuse et fière. Museau court. Truffe noire.

Poil du bichon maltais : long, fin, soyeux et dense. Nécessite un entretien minutieux et quotidien.

Caractère : gai, vivant et caressant. Ne supporte pas la solitude et apprécie l'exercice.

Quel entretien !

Pour qu'ils soient toujours superbes, il faut s'occuper chaque jour de les brosser soigneusement. Le secret de leur blancheur : un shampooing par mois avec, en supplément pour le maltais, talc et huile d'amande douce. Nettoyer régulièrement leurs yeux fragiles avec de l'eau froide qui aura bouilli ou de l'eau distillée.

D'où viens-tu, bichon ?

Le maltais est l'aïeul de tous les bichons et il n'a jamais changé d'allure. Dans la tombe de Ramsès II, on a trouvé une statuette de lui, datant de 1300 avant J.-C. ! Dans les musées, amuse-toi à le reconnaître sur les tableaux des grands peintres, ou encore sur les tapisseries anciennes comme celles de « *La Dame à la licorne* » (musée de Cluny, à Paris). Quelle que soit l'époque, il est toujours dans les jambes ou les bras des rois et des princesses !

Autres « aristochiens » à bichonner

L'exotisme est aujourd'hui à la mode, et nos bichons méditerranéens ont devant eux de sérieux concurrents. Mais ne trouves-tu pas qu'ils ont tous un petit air de famille ? Sans aucun doute, ils se sont déjà rencontrés, il y a plus de 2 000 ans, le long de la route de la soie.

Le terrier tibétain ▲

Nettement plus grand que les autres races du « Toit du monde », le terrier tibétain était un chien « porte-bonheur » : il avait, paraît-il, le don de retrouver les objets égarés. Une source de richesse également : son poil, tondu en été et mêlé à celui du yack, servait à fabriquer un tissu doux, chaud et imperméable, très recherché dans cette région. Rien d'étonnant qu'il ait aussi été un objet de culte dans les monastères tibétains !

◀ Le shih-tzu

Qu'il semble arrogant, celui-là, avec sa barbe et ses moustaches de mandarin mandchou ! Le shih-tzu (prononce shidzou) n'est pourtant que le rejeton du lhassa-apso et du pékinois. Les Chinois le vénéraient comme un dieu mais il n'y a pas de quoi le prendre de haut : il mesure à peine 25 cm !

Le bichon frisé

Il a l'air moins « endimanché » que le bichon maltais. Pourtant, son poil en tire-bouchon est à l'origine du verbe bichonner qui signifiait jadis « friser les cheveux ». Mais chez lui, c'est naturel !

Un modèle très prisé !

À partir du XVe siècle, le bichon frisé pose pour des tableaux. Né d'un croisement avec un caniche, il a connu le même succès dans les cours européennes. Si tu as vraiment l'œil, peut-être trouveras-tu aussi sur une toile les deux autres bichons : le havanais et le bolonais. Mais ils sont bien plus rares et ressemblent tellement aux autres !

◀ L'épagneul japonais

Coréen d'origine, l'épagneul japonais a connu la gloire dans les palais de l'empire du Soleil-Levant. Tchin Tchin est son nom de baptême, mais ça ne lui a pas toujours porté chance : pour l'empêcher de grandir on lui faisait boire du saké, le fameux alcool de riz oriental.

Le lhassa-apso ▲

Lhassa est la capitale du Tibet, apso est la chèvre tibétaine à fourrure dorée. Mais les moines préfèrent l'appeler : « chien sentinelle au rugissement de lion » ! Gardien des trésors de Bouddha, il participait aux cérémonies religieuses, trônant sur des coussins de soie. C'est un vrai montagnard : à 6 000 m d'altitude, il se porte comme un charme et prévoit même les avalanches. C'est pourquoi les sherpas l'emmènent avec eux dans leurs ascensions des pics de l'Himalaya.

Le pékinois ▶

Pas étonnant, avec sa gueule et sa crinière, que le pékinois soit né des amours d'un lion et d'une guenon ! Bien sûr, c'est une légende. Mais pendant 16 siècles, il n'eut pas le droit de sortir en dehors de l'enceinte de la Cité interdite. Tous s'inclinaient sur son passage, et celui qui le brutalisait était puni de la peine capitale. En revanche, le pékinois était immolé à la mort de son maître afin de le protéger dans l'au-delà !

Le boxer

Il te fait peur ou il te fait rire ? Le boxer est un chien à double facette. Il a un passé et une tête de boxeur, pourtant il n'est jamais menaçant et toujours prêt à jouer avec toi. Mais si tu ne veux pas tomber à la renverse, à toi de contrôler sa fougue... tout amicale !

Standard de race

Taille mâle : 57-64 cm
Taille femelle : 53-60 cm
Corps : carré. Cou rond et puissant. Poitrail large et profond. Dos droit. Poitrine haute. Côtes arrondies.

Un enfant terrible

Un vrai cyclone, le boxer ! En faisant le fou, il bouscule tout sur son passage. Il se jette à ton cou pour te dire « je t'aime ». En laisse, il démarre comme une fusée et t'entraîne derrière lui... à plat ventre ! En prenant ce chiot, tes parents ignoraient sûrement qu'ils t'offraient un grand frère turbulent. Ils le regrettent ? Non ! Il est si gentil et affectueux. Mais sa carrure et sa force les inquiètent un peu. Ne l'encourage surtout pas en riant de ses bêtises. Sois ferme, il se calmera. Les exercices d'obéissance sont une bonne occasion de s'occuper de lui.

Un dur au cœur d'or.

La force tranquille

Il doit son énergie à ses deux aïeuls, le büllenbeisser allemand et le bulldog anglais, tous deux utilisés dans les combats contre les taureaux. Pourtant, tu vois rarement un boxer, tous crocs dehors, se précipiter rageusement derrière la clôture d'une propriété. C'est l'un des chiens de garde les plus équilibrés : vigilant et très courageux quand il le faut, mais sans agressivité excessive. Prévenir plutôt qu'attaquer, telle est sa devise. C'est plutôt rassurant !

Tête : carrée. Museau court, large et puissant. Mâchoire inférieure dépassant la mâchoire supérieure (prognathisme).
Poil : ras, dur, brillant et serré.
Caractère : sociable, fidèle et affectueux, il est impétueux, dynamique et vigilant. Il doit être éduqué fermement pour devenir parfaitement obéissant. Nécessite beaucoup d'exercice.

Le plus impressionnant chez le boxer, c'est sa tête : mine patibulaire d'un catcheur ou air réfléchi et grave d'un vieux philosophe ?

Un chien qui bave ?

Regarde bien : la mâchoire supérieure du boxer, plus courte que celle du bas, retombe en bajoues épaisses. C'est ce qu'on appelle le « bouledoguisme ». S'il bave de temps en temps, c'est normal. Chez tous les chiens à face plate, les conduits des glandes salivaires sont raccourcis. Mais s'il bave beaucoup, c'est que ses babines sont trop flasques. Un conseil : ne lui donne jamais à manger en dehors de ses repas habituels. Sinon dès que tu te mets à table, il salive de désir et de gourmandise... et il bave. Cela lui arrive aussi à l'occasion d'une grande émotion.

Jeunesse éternelle mais vie brève

Le boxer naît joueur et le reste toute sa vie. Hélas, la sienne est plutôt courte : une dizaine d'années seulement. Aussi dois-tu surveiller attentivement ses points faibles. Avec ses fosses nasales raccourcies, il a parfois des difficultés pour respirer. C'est pourquoi il craint la chaleur et les efforts intenses. Fais attention à ne pas l'épuiser, car il ne connaît pas ses limites. Si tu sens sous sa peau de gros boutons, montre-les au vétérinaire. Inspecte aussi ses gencives : elles peuvent également cacher des tumeurs. De longues promenades quotidiennes lui permettront de garder un cœur jeune dans un corps d'athlète, les deux atouts du boxer.

Pour ou contre la coupe des oreilles ?

Cette pratique était à l'origine un moyen de ne pas donner de prise à l'adversaire lors des combats de chiens. Aujourd'hui elle n'a plus qu'un rôle esthétique. Certains le trouvent plus beau avec les oreilles coupées... L'opération peut être faite à sa naissance par l'éleveur : le chiot alors ne s'en aperçoit même pas. Mais plus tard, il faut le faire endormir par un vétérinaire. En Grande-Bretagne, aux Pays-Bas et en Suisse, les sociétés protectrices des animaux ont fait interdire la coupe des oreilles. En France, on a le choix...

La robe du boxer peut être roux-fauve ou jaune clair, ou encore bringée comme celle de ce jeune chien.

On ne peut rien lui cacher !

L'anecdote qui suit est une histoire vraie : son chien à ses côtés, Mme D. n'hésite jamais à s'arrêter en voiture pour prendre des auto-stoppeurs. Bon prince, le boxer leur laisse alors la place nécessaire pour s'installer sur la banquette arrière. C'est déjà arrivé des dizaines de fois, sans aucun problème. Pourtant ce jour-là, le boxer s'interpose. Le passager vient à peine de s'asseoir que le chien abat fermement ses pattes sur les épaules du stoppeur. Sans grogner, immobile, il conserve cette position. Inutile de dire que l'homme demande à descendre au premier feu rouge ! Avait-il de mauvaises intentions ? On n'en sait rien, à vrai dire... Mais pourquoi ne pas faire confiance au boxer ?

Le bouledogue français ▲

C'était le copain préféré de Coluche. Ce mini-hercule de foire est un drôle de petit bonhomme, espiègle et affectueux. C'est un chien facile à vivre, car il copie son comportement sur le tien. Mais si tu le délaisses, il se vexe et boude. ▼

Les bouledogues : d'anciens combattants

Le *bull baiting*, ou attaque de taureaux par des chiens, fut pendant des siècles une distraction très en vogue en Angleterre, mais également en France et en Amérique. Quelle cruauté pourtant que de voir ces chiens se battant à mort contre des taureaux ou même d'autres molosses canins ! Les « héros » sacrifiés étaient de petits dogues au nez écrasé, à la mine chiffonnée et creusée de rides... Heureusement, ces batailles sanglantes sont aujourd'hui interdites. Et les bouledogues, pas rancuniers du tout, sont devenus des compagnons très sensibles et dévoués corps et âme à leur maître. Leur caractère enjoué fait vite oublier leur tête de « loubard ». À défaut d'être vraiment beaux, ils sont plutôt comiques !

Le boston terrier ▲

Ce boxer en miniature possède la dignité du bulldog et la vivacité du terrier, ses deux grands-parents. Lui aussi a vite oublié les rings de Boston où les hommes le faisaient combattre. Ce petit gentleman américain ne demande qu'à jouer et à aimer !

Le bulldog ou bouledogue anglais ▶

Une vraie caricature, le bulldog. Pas étonnant que les Anglais, avec leur humour, l'aient choisi pour symboliser les qualités de leur pays : courage, ténacité, flegme. Ce poids lourd pataud est un ange de patience avec les enfants. Il ronchonne et fronce les sourcils ? C'est sa façon à lui d'exprimer sa tendresse...

Le braque de Weimar

Tu as très envie de le caresser, celui-là. Il est si beau ! Sa robe soyeuse et argentée est unique en son genre. Tu hésites car ses yeux jaunes te glacent ? Mais tu sais, sous ses airs de grand seigneur, il cache un cœur aussi doux que son poil.

Un « fantôme gris »

C'est un très bon chien de chasse, qui sait aussi monter la garde. Tu peux compter sur lui ! Aux États-Unis, où il rend de grands services dans la police, on le surnomme « le fantôme gris »...

Élégant mais sportif

Tu n'appartiens pas à la famille des ducs de Weimar ? Aucune importance, tu peux quand même être l'ami de leur grand chien gris. Mais si tu n'habites pas un palais, il te faut au moins assez d'espace pour pouvoir le faire courir souvent. Regarde-le galoper : quelle fougue et quelle puissance !

À l'ordre de son maître, le chien va se couler au sol et avancer au ralenti, ventre à terre, pour forcer le volatile à prendre son envol.

Le braque de Weimar à poil long est encore assez rare en France. 1080 naissances seulement sont inscrites chaque année au Livre des origines français !

Tenir l'arrêt, une attitude innée

Un grand frisson parcourt sa peau lustrée. Muscles tendus, une patte avant relevée, son bout de queue raidi à l'horizontale, le braque de Weimar vient de repérer une odeur familière. Instinctivement, il sait qu'il ne doit plus bouger. À l'arrivée du chasseur, le plus souvent l'oiseau s'envole. Mais parfois, plus malin, il se sauve « à pied » dans la végétation.

Standard de race

Taille mâle : 59-70 cm
Taille femelle : 57-65 cm
Corps : allongé. Cou de port noble et musclé. Poitrine puissante et longue. Dos ferme et musclé.
Tête : sèche, au museau long et puissant.
Poil : court, dru et très épais.
Caractère : chasseur au flair remarquable, c'est aussi un bon chien de garde et de défense. Agréable compagnon, il devra être l'objet d'une éducation ferme.

Même quand il ne chasse pas, le braque de Weimar explore toujours le terrain. Son esprit d'indépendance nécessite une éducation en douceur : si tu le brusques, il pourra faire preuve de mauvaise volonté.

Braconnier, lui ?

Il a donné le terme « braconner » qui signifiait simplement « chasser avec un braque ». Le valet qui s'occupait des chiens était ainsi le « braconnier » ! Si c'est devenu le nom d'un hors-la-loi, ce n'est pas un hasard. À l'inverse des chiens courants, les braques chassent sans faire de bruit ni donner de la voix. C'est utile quand on veut rester discret !

Du sang de « pointer »

Pour affiner leur silhouette et les rendre plus nerveux, les braques ont presque tous reçu du sang de « pointer ». Mais les puristes le regrettent, même si ce chien britannique est le champion des chiens d'arrêt.

Le pointer : standard de race

Taille mâle : 63-69 cm - **Taille femelle :** 61-66 cm
Corps : carré. Cou long et musclé, poitrine ample, dos rectiligne, croupe longue.
Tête : fine, museau carré, mâchoires fortes.
Poil : fin, court, dur et lisse.
Caractère : chien de chasse, résistant, endurant, actif et rapide. Il a besoin de beaucoup d'exercice mais sait être affectueux et agréable. Peut servir de chien de garde à l'occasion.

La famille des braques

Chiens d'arrêt à poil court, les braques sont des sportifs qui savent doser leur effort pour obtenir le maximum d'efficacité. Quand ils ratissent avec méthode chaque pouce du terrain, leur flair très fin ne laisse rien passer. Chassant généralement le nez en l'air, ils le baisseront au sol pour pister pas à pas l'oiseau ou le lièvre qui leur joue des tours. Ils sont capables aussi de rapporter délicatement le gibier tiré à leur maître. Ce sont des chiens calmes et obéissants. Jusqu'au début du siècle, nos provinces françaises avaient leur propre chien de « pays » bien adapté à chaque terroir. Et si certains d'entre eux ont complètement disparu, d'autres font aujourd'hui un retour remarqué dans les concours.

◀ **Braque français type gascon**

Braque français type pyrénéen ▼ ▶

Le braque français

Ancêtre de tous nos braques régionaux, le braque français existe en deux variétés : le gascon, assez lourd, est calme et très endurant ; plus petit et plus léger, le pyrénéen est aussi plus fougueux et plus rapide.

Le braque de Saint-Germain ▶

C'est le plus élégant de tous. On le confond souvent avec le pointer : comme lui, c'est un sportif racé qui va loin et vite. C'est aussi le seul braque d'origine française à ne pas avoir la queue écourtée.

Le braque du Bourbonnais ▼ ▼

Il sent bon le terroir avec sa tête « en poire » et sa robe lilas ou lie de vin mouchetée. Sur le point de disparaître, le braque du Bourbonnais retrouve aujourd'hui ses titres de noblesse.

▲ Le braque allemand ▶

Curieusement, le braque allemand est le braque le plus répandu en France. Avec plus de 22 000 sujets, sa population dépasse celle de toutes les autres races de braques réunies. Puissant, taillé comme un cheval, c'est un vrai « fou » de chasse. Aussi doit-on parfois réfréner ses débordements en lui apprenant très tôt à obéir.

◀ Le braque d'Auvergne ▼

On l'appelle aussi « bleu d'Auvergne » ; sa robe blanche aux reflets bleutés ne rappelle-t-elle pas le fromage du même nom ? Solidement charpenté, il ne craint ni les terrains accidentés, ni le soleil de plomb.

Le briard

Garder des troupeaux de moutons a toujours été sa vocation ; la mode, il s'en moque. S'il est devenu un « top-modèle » du monde canin, c'est bien malgré lui. Aussi, respecte ses idées si tu veux t'en faire un copain.

Un bon vivant

Qu'il a l'air drôle, avec ses deux « couettes » en guise d'oreilles ! Pas facile de le regarder dans les yeux. Lui, en revanche, t'observe attentivement sous ses sourcils broussailleux. Rien ne lui échappe ! Il devine même tes hésitations : il pleut et tu n'as pas envie d'aller jouer dehors ? Ce n'est pas son avis. Regarde-le faire les cent pas devant la porte. C'est gagné, allons-y !...

Standard de race

Taille mâle : 62-68 cm
Taille femelle : 56-64 cm
Corps : solide et musclé. Poitrine large et profonde. Dos droit. Croupe peu inclinée.
Tête : tête forte et longue. Nez carré.
Poil : long, sec, avec léger sous-poil.
Caractère : c'est un sage équilibré, courageux et hardi. Sous un aspect rude, il cache une nature douce ; très gentil avec les enfants. Nécessite une éducation stricte, mais sans brutalité.

Le briard est capable de parcourir 80 km par jour ! Il apprécie l'effort et cherche toujours à se rendre utile. Autrefois, 2 ou 3 chiens suffisaient pour garder 600 moutons !

Avec ses cheveux dans les yeux, il ressemble à un hippie. Comme lui, il préfère la campagne à la ville, et l'amour à la guerre.

Pas besoin d'entretien !

Toutes mèches au vent, le briard ondule de cette démarche souple, légère et élastique, qui caractérise les chiens de berger. L'eau glisse sur son pelage. Son poil crisse sous tes doigts comme celui de la chèvre et il est toujours propre ! Inutile de laver le briard, sa toison ne retient ni l'herbe ni la boue. Tout ce qu'il réclame, c'est un coup de brosse deux ou trois fois par semaine, pour empêcher la formation de nœuds.

De mémoire de briard...

Le briard ne vient pas de Brie. Alors, pourquoi ce nom ? Ce récit du Moyen Âge te donne peut-être la clef de l'énigme. Aubry de Montdidier, qui avait les faveurs du roi Charles V fut tué par Richard Marcaire, jaloux. Mais Verbaux, le chien d'Aubry, avait tout vu ! Rentré seul au palais, il mena le roi à l'endroit où son maître avait été enterré. Peu après, Verbaux croisa Marcaire et lui sauta à la gorge, le désignant ainsi comme coupable. Selon la coutume, le roi décida que le chien affronterait le suspect en un combat singulier. Vaincu, l'assassin avoua et fut exécuté. Bien sûr, le « chien d'Aubry » devint célèbre. Et le bouche à oreille fit qu'on l'a ensuite appelé « le chien de Brie ».

Atout cœur

Si tu sonnes à la porte d'une maison où vit un briard, des aboiements enragés te répondront aussitôt. Chez lui, l'instinct d'avertir est inné. Il demeure sur la défensive à l'égard des inconnus. Mais s'ils sont bien accueillis par son maître, il leur manifestera de la sympathie... à condition bien sûr qu'il n'ait pas passé sa journée enfermé ou attaché. Car le briard doit faire partie de la famille, nombreuse de préférence. C'est indispensable à son équilibre.

Le briard est confiant de nature et beaucoup plus motivé par les récompenses que par les punitions. Ne jamais confondre éducation et domptage ! Toujours en quête d'affection, il est dévoué à son maître.

Très susceptible

Attention cependant à ce qu'il ne se prenne pas trop au sérieux : sinon, il serait capable de vouloir devenir le chef ! Ne le prends jamais non plus à rebrousse-poil.
Très sensible, il ne supporte pas la moindre injustice. Il réagit et obéit avec son cœur. Profite plutôt de l'amour qu'il a pour toi : c'est son point faible. Il est prêt à tout pour te faire plaisir. Ce que tu auras le plus de mal à discipliner alors, ce sont ses manifestations de tendresse ! Mais rien à craindre de ce côté-là : avec toi ou ta grand-mère, il montre patte de velours et maîtrise son tonus !

Autres bergers de plaine

Pour surveiller les troupeaux, dans les verts pâturages, les bergers faisaient appel à des chiens de ferme robustes et courageux. Peu importaient alors leur apparence physique ou la nature de leur poil. Briard et beauceron furent ainsi confondus jusqu'au siècle dernier en une seule et même race, appelée « chien de plaine ». Pourtant, ils ne se ressemblent guère. De même, on distinguait mal à l'époque le berger picard du bouvier des Flandres. Les Flamands appelaient d'ailleurs ce dernier le « pikhaard »... Sélectionnées avec soin par des générations d'éleveurs, ces diverses variétés de chiens de berger sont devenues aujourd'hui des races à part entière. Bien sûr, leurs noms n'indiquent plus leur région de naissance, mais c'est assez commode pour les désigner. Ils ne sont plus d'ailleurs ni bergers, ni bouviers faute de troupeaux à garder.

▲ Le berger de Beauce ▶

Appelé encore beauceron, ou « bas-rouge », ce chien est sûr de lui et de sa force. Capable jadis de tenir tête à un loup rôdant autour de ses moutons, il n'a eu aucun mal à rejoindre la police et l'armée ! À ce grand costaud, il faut un maître à la hauteur, sachant maîtriser son tempérament de feu...

En éclaireur

Il s'adapte à toutes les situations, pourvu qu'il fasse partie de la fête ! Mais attends-toi à une surprise : une vieille habitude le pousse malgré lui à surgir le premier de la maison, de l'ascenseur ou de la voiture... Quoi de plus normal pour ce chien de berger : les moutons ne doivent jamais sortir de la bergerie avant lui... Pour le reste, aucune difficulté. Au restaurant, il demeure sagement sous ta chaise. Mais au moment de partir, le voilà debout, prêt à réunir tout son monde joyeusement... Vu son gabarit impressionnant, et sa queue en crochet qui se balance... ton départ est remarqué !

Le berger picard ▼

Poils en bataille et joie de vivre, le berger picard est vraiment un chien « nature ». On le dit parfois un peu cabochard, mais il accepte avec plaisir de participer à des épreuves de défense et de pistage. Pourvu qu'il se rende utile !

Le bouvier des Flandres ▲

Il n'a pas l'air très aimable, le bouvier des Flandres. Rien d'étonnant : cet ancien « chien à bœufs », chargé de conduire les bêtes jusqu'à l'abattoir, devait absolument les tenir en respect. Pourtant ne te fie pas aux premières apparences : ce colosse sera avec toi et tous les autres enfants, la plus douce des nourrices...

Le caniche

Tu le crois sophistiqué et fragile ? Erreur, le caniche n'est pas la peluche que tu imagines. Ou alors, elle est bien vivante et montée sur ressorts !

Le jeu, c'est sérieux !

Espiègle, drôle, le caniche ne pense en fait qu'à jouer. Un vrai régal pour toi ! Très observateur, il s'intéresse à toutes tes activités et devine même souvent ce qui te fait rire aux éclats ! Debout sur ses pattes arrière, le voilà qui se prend pour un danseur d'opéra. Pirouette et volte-face, il retombe toujours sur ses pattes... Quel acrobate ! Au cirque, les chiens « savants » sont presque toujours des caniches. Avec la mémoire qu'il a, tu peux, toi aussi, lui apprendre quelques tours. Il comprend très vite ce qu'on attend de lui. Mais ne le ridiculise pas : ce n'est pas un jouet !

En anglais on l'appelle *poodle*, en allemand *Pudel*, le verbe *pudeln* signifiant « jouer dans l'eau ». Et c'est vrai qu'il adore ça !

Canichon, cane, caniche

Caniche viendrait de « canichon », vieux mot français désignant le jeune canard en duvet. En période de chasse, on appelait alors « cane » le mâle et « caniche » la femelle des chiens employés à rapporter le gibier. Avec pour ancêtres le barbet d'Afrique du Nord et les chiens d'eau portugais et espagnols, rien d'étonnant qu'il soit si habile à sauter dans le marais ! Plus tard, le caniche commença à fréquenter les salons sous le règne de Louis XV. Puis la cour de Louis XVI fit un accueil triomphant au premier caniche nain. Depuis, il est resté le favori des chiens de compagnie...

Le chien de Victor Hugo

L'histoire de Baron, le caniche de Victor Hugo, demeure un mystère. Offert à un ami habitant Moscou, le chien réapparut quelques mois plus tard à la porte du poète, sale et épuisé. Il avait traversé toute l'Europe, soit plus de 2 000 km !

Quand ils entament une folle poursuite, les caniches ne se soucient guère de leur toilette.

Les nains et les toys abricot sont les plus chers.

Standard de race

Taille mâle : royal : 45-60 cm ; moyen : 35-45 cm ; nain : 28-35 cm ; toy : moins de 28 cm

Corps : cou solide, poitrine bien descendue, dos court, croupe arrondie.

Tête : allongée et fine.

Poil : très abondant et dense, de texture fine, épais sous la main.

Caractère : chien très observateur, facile à éduquer, sportif, tonique et gai. C'est un extraverti, d'une fidélité proverbiale mais avec des tendances possessives. Son éducation devra être ferme.

Chacun sa place

Si le caniche est un charmant compagnon, il peut parfois se montrer insupportable. Haut comme trois pommes, il ne tient pas en place, aboie pour un rien à te percer les tympans. Mais regarde son maître : une dame âgée qui le gâte trop, ou un enfant nerveux qui l'excite ? Ne sois pas comme ça ! Dès son plus jeune âge, ne cède pas à ses pitreries. N'accepte pas qu'il te suive partout, ni qu'il saute sans arrêt sur tes genoux. Comme il réclame déjà beaucoup d'attention, il ne supporterait plus du tout de rester seul ! Fais-lui comprendre en douceur qu'après le jeu, chacun regagne sa place. C'est possible : il est si intelligent !

La toilette « en lion » est la plus ancienne, idéale pour la chasse. Son derrière tondu lui évite de s'enliser dans les marécages ; le poil fourni de sa poitrine et ses bracelets aux pattes le protègent du froid et des roseaux tranchants.

Sa beauté s'entretient

Tu veux qu'il soit toujours beau et en bonne santé ? Brosse-le trois fois par semaine. Pour le shampooing et la coupe, emmène-le chez le toiletteur tous les mois ou tous les deux mois. Son poil frisé et laineux a tendance à feutrer et à faire des nœuds : de vrais nids pour les parasites.

Prêt à rendre service

Toujours de bonne humeur, le caniche n'est pas seulement un clown. Pendant la Première Guerre mondiale, il était très utile comme chien guide d'aveugle. Son flair de chasseur lui permet aujourd'hui de trouver la drogue cachée par les trafiquants. Dans le midi de la France, tu le vois aussi renifler le sol, à la recherche des précieuses truffes... Mais il ne révèle les bons endroits qu'à son maître ! C'est un chien vraiment doué.

Petit mais costaud !

Le caniche est un chien particulièrement robuste. Il peut vivre plus de 15 ans à condition de ne pas trop le nourrir, car il est très gourmand. C'est pourquoi il ne faut absolument pas se laisser attendrir par ses mimiques de clown !

En regardant des chiots, tu te demandes si ce sont des caniches toys, nains, moyens ou royaux ? Tu le sauras dans quelques mois. La différence pourra être de 25 à 35 cm.

Quatre tailles, cinq couleurs

Le caniche ne ressemble à aucun autre chien et c'est la seule race à offrir tant de variétés. Il existe en effet quatre tailles et cinq couleurs ! On dit que les petits sujets abricot ou gris sont les plus nerveux, que les noirs et marron de taille moyenne sont les plus calmes, que les blancs seraient plus susceptibles... C'est parfois vrai, mais un caniche reste un caniche. Son comportement dépend en réalité davantage de sa lignée que de sa couleur ou de sa taille.

Trop de demandes

Le caniche est un chien très prisé, il y en aurait environ 37 500 en France. Mais les éleveurs ne peuvent pas toujours satisfaire la demande et il faut faire attention à ceux qui sont importés de l'étranger ! Notamment les toys ; en anglais, cela veut dire « jouet » : ce sont les plus fragiles.

Le cocker spaniel

Quel comédien ! Par-devant, il prend un air langoureux pour se faire plaindre et par-derrière il se tortille d'impatience. C'est qu'il est à la fois un tendre compagnon et un bouillant chasseur... Un double personnage, le cocker !

Séducteur astucieux

Le cocker, c'est d'abord un regard émouvant qui lui permet souvent d'obtenir tout ce qu'il veut... Pourtant, ne te fie pas aux apparences. Il cache une certaine malice. Si, en rentrant de l'école, tu le trouves chez ton voisin, ce n'est pas qu'il ne t'aime plus : il veut te faire comprendre que c'est toi qui le délaisses...

Un nom venu de la chasse

En anglais, il s'appelle *woodcocker*. *Woodcock* veut dire bécasse et *to cock the game* signifie « lever le gibier »... Tu as compris : la chasse à la bécasse était la grande spécialité de ce compère intrépide !

Sa robe répond à tous les goûts : elle peut être entièrement noire, dorée (golden), marron ou blanche parsemée ou panachée de taches de couleur. Elle peut être également tricolore ou noire avec des taches feu.

Victime de son succès

S'il a parfois une réputation de mauvais caractère, c'est à cause de la mode ! Dans les années 60, la demande était telle que les éleveurs ont fait de la « surproduction », sans procéder toujours à une sélection rigoureuse au niveau du tempérament. Heureusement aujourd'hui, grâce aux efforts du Spaniel-Club de France, les choses ont changé et le cocker retrouve une qualité qu'il n'aurait jamais dû perdre. Si le tien est parfois grognon, c'est qu'il s'ennuie : emmène-le faire de l'exercice dehors !

Surveille sa ligne : c'est un glouton. À toi de bien savoir doser l'effort et le réconfort... sans te laisser prendre au piège de ses beaux yeux implorants !

Un chasseur passionné

Emmène-le en forêt, et tu le verras foncer sans hésiter dans les fourrés. Il s'en donne à cœur joie ! Le cocker n'est pas un chien d'arrêt et va jusqu'au bout de son action. Sa petite taille lui permet même de se faufiler dans les coulées de lapin ! Enfin, il adore rapporter et n'hésite pas à aller récupérer les canards dans l'eau. C'est pourquoi, à la saison des nids, il faut le surveiller de près pour éviter qu'il n'aille perturber les oiseaux qui couvent au sol. Avec un peu d'autorité tu peux lui apprendre à respecter la nature.

Attention à ses oreilles !

Traînant jusqu'à terre, elles récoltent toutes sortes de saletés. Mal aérées, elles sont un foyer d'infection. Pour prévenir les ennuis, épile régulièrement la face interne et l'entrée du conduit auditif. Et sers-lui ses repas dans une écuelle haute et étroite, pour qu'elles ne trempent pas dans la soupe !

Standard de race

Taille mâle : 39-41 cm
Taille femelle : 38-39 cm
Corps : trapu. Cou musclé, poitrine bien développée. Croupe large et bien musclée.
Tête : longue. Museau carré, mâchoires fortes, truffe large.
Poil : plat, de texture soyeuse, formant des franges aux membres.
Caractère : vigoureux, efficace et vif, c'est un grand chasseur. Gai, enjoué et espiègle, c'est un charmant compagnon, doux et affectueux.

Spaniels de chasse...

Comme les épagneuls, leurs homologues français, les spaniels appartiennent à la famille des « chiens d'oysels ». Pendant longtemps, les spaniels ont regroupé toute une gamme de chiens : des grands, des petits, des lourds ou des légers, de chasse ou d'agrément... Aujourd'hui, le Spaniel-Club de France dénombre 8 types d'épagneuls anglais, tous leveurs de gibier.

▲ L'english springer spaniel ▶

To spring en anglais veut dire « jaillir ». Le plus ancien représentant de la famille porte bien son nom ! Regarde-le voler par-dessus les buissons. Quel punch ! Revenu à la maison, c'est un chien facile à vivre, doux, obéissant et grand ami des enfants !

Le sussex spaniel ▲

Quel regard accablé ! Il y a de quoi, car c'est une race menacée d'extinction. Dommage ! Massif et calme, il permet au chasseur âgé de le suivre partout dans les fourrés. En plus, il le renseigne de sa belle voix qui sonne comme une cloche. Heureusement, car la chaude couleur de sa robe se confond avec celle des feuilles mortes...

Le field spaniel ▼

Il ressemble beaucoup à un cocker. Mais plus long, lourd et plus charpenté que lui, il est moins adapté à la vie citadine. Rare, même en Grande-Bretagne, il a pourtant fière allure et un heureux caractère. Pas de doute, il gagne à être connu !

◀ Le cocker américain ▼

Tu l'as reconnu ? C'est l'inoubliable Belle dans le film « Belle et le Clochard » de Walt Disney. Sa longue fourrure abondante, tirée à quatre épingles, lui donne un air sophistiqué. Dans son pays d'origine, il chasse toujours et, en France, il fait partie du Spaniel-Club. C'est vrai qu'il a autant de flair que ses cousins !

… et spaniels de compagnie

Dès la fin du XIVe siècle, un poète assurait que le spaniel « *débordait d'affection comme une femme en quête de mari* ». Aussi n'est-il pas étonnant de voir 2 siècles plus tard, à la cour d'Angleterre, de petits épagneuls dans les jupes des nobles dames… Beaucoup plus récemment, il y a à peine 50 ans, le cocker vit débarquer un cousin d'Amérique, une nouvelle variété sélectionnée pour sa beauté…

Le king-charles spaniel ▼

C'est Charles II, passionné par les chiens, qui donna son nom à cet épagneul nain de compagnie. Mais « Charlie » connut ensuite bien des mésaventures. Pour survivre à la mode de l'exotisme, il dut se marier avec des concurrents asiatiques : épagneul japonais, carlin, pékinois... Voilà comment il se retrouva avec un museau court et retroussé, et un crâne en forme de dôme ! Mais même s'il a perdu en chemin ses qualités sportives, il conserve toute sa bonne humeur !

Le cavalier king-charles spaniel ▲

Retour à la case départ : en 1926, un éleveur américain fait le pari de ressusciter le chien de Charles II, en se basant sur les modèles figurant sur les tableaux de l'époque. Ainsi renaît le king-charles « à l'ancienne » sous le nom de cavalier king-charles : il a de nouveau un museau allongé ! Compagnon de la princesse Margaret et de Nancy Reagan, il revient en force et fait même de l'ombre à son petit frère !

Le colley

Un grand seigneur, le berger d'Écosse ! Tout en finesse et distinction, mais il a aussi besoin d'action. Tu veux le rendre vraiment heureux ? Donne-lui un rôle à jouer.

La passion de rendre service

S'il aperçoit un troupeau dans la campagne, il se met aussitôt à gémir et à trépigner : le colley n'a pas oublié son passé de berger. Heureusement pour compenser, il peut surveiller ta famille en détail. À l'heure du coucher, regarde-le aller et venir dans la maison : il observe ta toilette dans la salle de bains, s'interpose à la moindre dispute, t'accompagne enfin jusqu'à ta chambre... Un coup de langue sur le nez en guise de bonsoir, il va ensuite s'allonger dans le couloir. Et il n'en bougera pas de la nuit, prêt à aller chercher du renfort au moindre cauchemar.

Il préfère le vent et la grisaille aux rayons du soleil. Sa fourrure plus épaisse en est d'autant plus belle.

Standard de race

Taille mâle : 56-61 cm
Taille femelle : 51-56 cm
Corps : allongé. Cou puissant, poitrine profonde, dos droit.
Tête : allongée et fine.
Poil : long, droit et dense, dur au toucher.
Crinière et jabot très abondants.
Caractère : méfiant vis-à-vis des étrangers, c'est un excellent gardien.
Vif, actif, doux et sensible, c'est aussi un excellent compagnon.

La manière douce

« Peureux, timide, mélancolique », dit-on parfois de lui. Mais c'est presque toujours la faute de son maître. Ce dernier ne doit pas être nerveux et trop autoritaire : le colley est un chien sensible à ne pas brusquer ! Il perd alors tous ses moyens. Pour s'épanouir, il a besoin au contraire de se sentir en confiance au sein de la famille.

Lassie, chien fidèle

Pal, une chienne colley née en 1940, est achetée 5 dollars par le dresseur Rud Weatherwax qui la fait engager dans le film *Lassie chien fidèle*.

D'où vient son nom ?

Sur les hauts plateaux d'Écosse, balayés par la tempête ou noyés dans la brume, d'immenses troupeaux de moutons à tête noire vivaient en totale liberté. On les appelait les *coalies* (*coal*, en anglais, signifie « charbon »). Sans le concours des chiens, les bergers n'auraient jamais pu rassembler les bêtes éparpillées dans la montagne. Coally, colly, collie, colley... Ainsi furent nommées les diverses races bergères, utilisées pour garder les *coalies*. Un nom qui leur allait bien : les chiens avaient tous un manteau charbonné !

De sa foulée souple et légère, il laisse flotter autour de lui sa longue houppelande de poils.

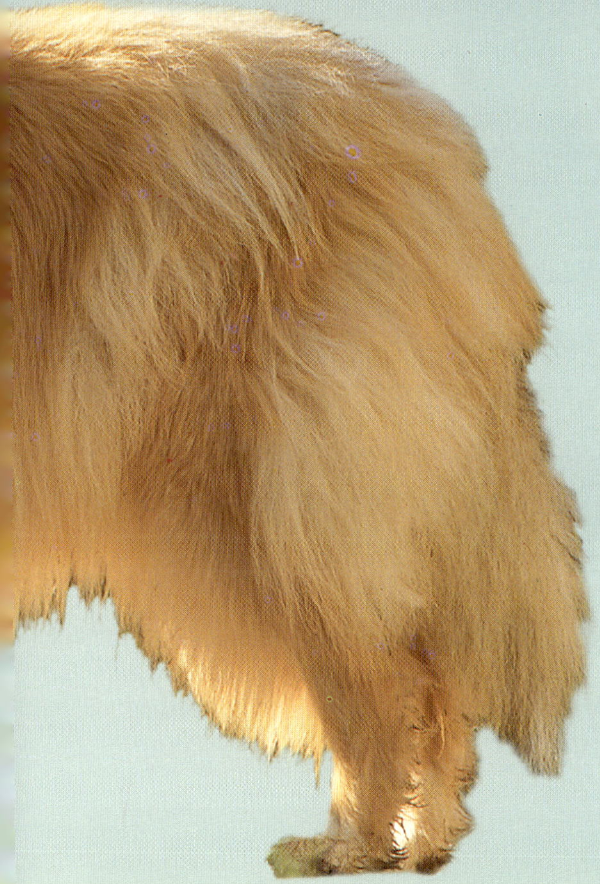

Un tempérament complexe

Calme et discret quand il le faut, le colley possède un tempérament de sportif. Quand il joue avec toi, il donne libre cours à son exubérance. Avec ses proches, le colley est doux et affectueux. Mais il peut aussi passer son brevet de chien de défense, au même titre qu'un berger allemand. Gardien vigilant et perspicace, il tient alors à distance les indésirables pour protéger ceux qu'il aime.

À demi cassées vers l'avant, ses oreilles perçoivent un coup de sifflet à plus d'un kilomètre et demi.

L'histoire de cette chienne qui traverse toute l'Angleterre pour retrouver son jeune maître est un succès. Pal obtient un contrat de 7 ans, son propre appartement et plusieurs toiletteuses. Une vraie star ! Une de ses filles prendra la relève sans que les spectateurs s'en aperçoivent. 5 « Lassie », dont un mâle, se succéderont ainsi sur les écrans...

La famille des collies

Le berger d'Écosse a un frère, le colley à poil ras, qui est très peu répandu. Il a aussi trois splendides cousins : le shetland, qui est son sosie en miniature ; le border, compagnon préféré des bergers ; et enfin, le bearded, le plus barbu de tous (*bearded* veut dire barbu en anglais). Ce dernier a sans doute croisé en chemin le bobtail, même si celui-ci, plus costaud, n'appartient pas au clan des collies.

◀ Le shetland collie ▲

C'est dur d'être un chien de berger aux îles Shetland : le climat y est très rude. Et quand il fait froid, le corps rapetisse ! Mais cela n'enlève rien aux immenses qualités de sa race. Si « Lassie » est trop grande pour toi, prends un sheltie : il est aussi affectueux et fidèle que le colley.

◀ Le border collie ▲

Un champion, le border ! Souvent le premier dans les concours d'agility et bien sûr dans les épreuves de travail sur moutons. Pour arrêter le troupeau, il rampe à pas feutrés et fixe les brebis dans les yeux. Pas une ne résiste à son pouvoir d'hypnotiseur !

Le bearded collie ▶

Il a du poil partout, mais impossible de connaître à l'avance la couleur définitive de sa belle toison ondulée : les trois premières années, elle s'éclaircit et fonce à plusieurs reprises. Un phénomène unique dans le monde canin ! Et comme il n'y en a pratiquement jamais deux pareils, le tien sera bien à toi !

Le bobtail

Regarde-le marcher, ou plutôt se balancer. Comme l'ours, le bobtail « va l'amble », en déplaçant ensemble deux pattes du même côté. Il surveille si bien les enfants que les Américains l'ont surnommé *Nanny-dog*, le chien-nounou...

Standard de race

Taille mâle : 61 cm minimum
Taille femelle : 56 cm minimum
Corps : court et compact. Poitrine profonde et ample. Garrot plus bas que le rein.
Tête : crâne volumineux, petites oreilles.
Poil : abondant, dur et hirsute. Plus abondant sur l'arrière-train que sur le reste du corps.
Caractère : vigoureux, joueur et turbulent, il est affectueux, docile et surveille très bien les enfants.

Un chien intelligent, doux et patient.

À l'origine, le bobtail gardait les troupeaux. En France, il est devenu un chien de compagnie.

Dobermann, pinscher, schnauzer

Ils te paraissent différents. Pourtant ces chiens partagent le même passé et possèdent tous un caractère énergique qui en fait d'excellents gardes du corps...

Multipliés par l'homme

À l'origine, une vieille race allemande a d'abord donné naissance aux pinschers et schnauzers de taille moyenne. Ennemis des rats et tous deux bons gardiens, on les distingue par leur poil, dur ou lisse. Par croisement et sélection, l'homme les a multipliés par trois : le géant, le moyen et le petit. En simplifiant, on peut dire que le dobermann est un grand pinscher qui est un de ses proches parents. Dobermann et schnauzer géant sont d'impressionnants chiens de défense ; pinscher et schnauzer nains, chiens de compagnie éveillés, n'en sont pas moins de bonnes « sonnettes d'alarme » !

Difficile de résister au regard franc et sincère du « dob ». Pas étonnant qu'il y en ait plus de 22 000 en France.

Standard de race

Taille mâle : 68-72 cm - **Taille femelle :** 63-68 cm
Corps : cou musclé, poitrail puissant. Poitrine bien développée, dos solide et court, croupe arrondie.
Tête : longue et osseuse. Crâne plat.
Poil : court, rude, serré et lisse.
Caractère : vif, courageux, vigilant, ce n'est pas le chien de tout le monde : ce gardien-né doit être dressé sous le contrôle d'un maître expérimenté.

Le dobermann, un rebelle qu'il faut bien éduquer

Le dobermann est un superbe animal, toujours prêt à bondir. Mais avec ce chien fier et dominateur, il faut une poigne de fer dans un gant de velours. Mal aimé ou mal éduqué, il peut devenir redoutable. C'est seulement quand il a confiance en son maître, que le dobermann est alors le plus loyal et le plus fidèle des chiens.

Sa robe couleur chevreuil peut aussi être toute noir, marron foncé ou gris-bleu, avec des marques feu...

Le pinscher, un chien à 100 000 volts !

Quel feu follet celui-là ! Drôle et gai, il est sans cesse sur le qui-vive et te suit comme ton ombre. Ce ratier n'a peur de rien, ni des putois ni des intrus. Sans doute est-ce pour cette raison qu'on l'a baptisé « pinscher » qui signifie en allemand « mordeur ». Même le pinscher nain, compagnon privilégié des personnes âgées, a un sacré tempérament. Mais il est si gentil !

Standard de race

Taille mâle : 43-48 cm
Corps : compact. Poitrail développé.
Tête : robuste et allongée.
Poil : court, serré.
Caractère : vif, courageux, enjoué.

Le schnauzer, sympa mais têtu !

Robuste et trapu, le schnauzer possède une silhouette et un caractère carrés. Volontaire, il cherche toujours à discuter. Aussi doit-il être maîtrisé dès son plus jeune âge, surtout s'il s'agit d'un géant ! Ce chien énergique réclame beaucoup d'exercice, sinon il devient grincheux. Bon gardien, c'est aussi un grand chasseur de rats et de mulots... Cet ancien « griffon d'écurie » est resté l'ami des chevaux, avec lesquels il cohabite sans problème.

Pour être présentable, le schnauzer a besoin d'être régulièrement toiletté.

Standard de race

Taille mâle : 60-70 cm
Corps : compact. Dos court.
Tête : robuste et allongée.
Poil : dur, rude, serré.
Caractère : équilibré, résistant, aimant les enfants, bon gardien.

Le dogue allemand

Avec lui, tu ne passes jamais inaperçu ! Tous les regards sont attirés par ton hercule. On l'admire ou on le craint...

Un corps d'apollon

Sous son poil lustré, à fleur de peau, sa musculature travaille comme une belle mécanique. Le dogue avance droit devant lui, provoquant sur son passage les aboiements de ses congénères les plus hardis. Il les ignore superbement, il n'a plus rien à prouver. Sa seule vue impressionne tout le monde... Mais pour toi, son copain, il te faudra surtout avoir d'assez grandes jambes pour le suivre ! Il est aussi grand qu'un petit âne et avance à pas de géant. Ou alors, essaie de monter sur son dos !

Du bleu acier pour habiller ce Monsieur Muscle.

Petit, il est mignon ! Mais fais attention ! Accueillir un dogue allemand chez toi, c'est avoir un gargantua à ta table pendant 11 ans au moins, car il mange environ 2 kg d'aliments par jour !

Un colosse au cœur tendre

Paisible, pacifique et franc, le dogue a aussi une patience d'ange avec les enfants. Il n'abuse jamais de sa force, mais prends garde tout de même quand tu joues avec lui : tu ne fais pas le poids ! Ses coups de queue amicaux peuvent te laisser de sacrés bleus sur les cuisses ! Heureusement, ce n'est pas un chien trop exubérant. Même joyeux, il reste digne. Les Anglais le surnomment « le gentleman du continent ». Mais pour qui le connaît bien, son flegme cache un cœur gros comme lui...

Standard de race

Taille mâle : 80 cm minimum
Taille femelle : 72 cm min.
Corps : cou musclé, poitrail prononcé, dos court, croupe large.
Tête : allongée et étroite. Museau haut et rectangulaire.
Poil : très court, dense et lisse.
Caractère : le plus pacifique de tous les molosses : gentil, tendre, affectueux avec les enfants, c'est un chien calme et vigilant, méfiant avec les étrangers.

Grands espaces

Tu t'en doutes ! Ce chien n'est pas un citadin. Un athlète comme lui a besoin de pouvoir souvent courir pour entretenir sa musculature. Mais jamais après les repas : son estomac se retourne d'un rien, et il peut en mourir !

Celui-ci est appelé à tort le danois. Sans doute à cause de sa belle robe danoisée, vieux mot français pour désigner les animaux tachetés noir et blanc. Ses frères sont noirs, fauves, bringés ou gris-bleu.

Une croissance très rapide

À la naissance, le chiot ne pèse que 600 g, le poids d'un petit melon. Mais à peine âgé de 2 mois, il atteint déjà les 14 kg. Sa croissance ne s'arrête pas là et, un an et demi plus tard, il dépasse les 70 kg. Une telle évolution est à surveiller de très près : il faut un bon dosage de vitamines et pas trop d'exercice pour les bébés qui ont tendance à vite se déformer.

Une bombe à ne pas amorcer

Il peut aller jusqu'au sacrifice pour défendre sa famille et ses biens. Gardien discret mais redoutable, avec lui, pas besoin d'alarme. Prudent avec les visiteurs, ce n'est pas le chien à faire la fête au premier venu… Le dogue n'a qu'un seul maître, et y attache même tant d'importance qu'il est très difficile de lui succéder. Pour son équilibre, un dogue doit être éduqué dès son plus jeune âge par la même personne. De préférence, quelqu'un qui lui ressemble : calme, mesuré, sûr de lui et ferme. Le dogue allemand, c'est aussi une arme à ne pas mettre entre toutes les mains : frimeurs, faibles ou coléreux, s'abstenir !

Bête, le dogue ?

Cette histoire vraie prouve le contraire : Élodie, une petite fille de deux ans et demi, jouait tranquillement dans le jardin. Soudain, un mégot allumé jeté imprudemment près d'elle enflamme un tas de vieux cartons. Élodie ne connaît pas le danger, elle est trop petite. Mais Delhia, une jeune dogue allemande de onze mois réagit aussitôt. Au risque de se brûler les pattes, la voilà qui piétine le foyer d'incendie, grattant la terre pour le recouvrir. Alerté par un bref hurlement, la maman arrive. La chienne achève d'éteindre les dernières flammes, à un mètre à peine de la fillette ! Merci, amie...

Quel port de tête noble et fier ! Ses oreilles sont coupées en triangle, à l'âge de 2 ou 3 mois, puis on les maintient avec des tuteurs quelques semaines.

Les dogues, des chiens de combat

Le molosse du Tibet est l'ancêtre des dogues, mais il n'existe plus aujourd'hui. Ce sont les Alains, farouches guerriers chassés d'Europe centrale par Attila, qui l'auraient amené en Gaule au ve siècle. Une variété de ce chien « alan » a donné naissance au dogue de Bordeaux. Croisé avec le lévrier, il est devenu aussi le dogue allemand actuel, le plus élégant de tous.

Le dogue de Bordeaux ▶

Sa tête écrasée de vieux catcheur ridé ne te donne pas envie de lui faire des bisous ! Pourtant, le dogue de Bordeaux est un monstre de force et de gentillesse, qui ne demande qu'à être aimé. Au lieu de cela, on l'utilisait pour se battre, et il a même failli disparaître après 1914, quand on a interdit les combats de chiens. ▼

◀ **Le dogue argentin**

L'un des parents du « dogo » était employé par les conquistadores pour pourchasser les Indiens. Puis en le croisant avec des chiens de chasse, on lui a fait traquer le puma dans la pampa d'Amérique du Sud. Il est devenu aujourd'hui le garde du corps des policiers et le guide des aveugles.

◀ **Le mâtin de Naples** ▼

Après avoir connu la dure vie de gladiateur, le mâtin de Naples a traversé les siècles enchaîné dans les cours de ferme. Depuis, il a perdu de sa férocité, mais demeure un gardien vigilant et puissant.

Combats douteux

Utilisés par les hommes comme une arme, les dogues ont un lourd passé. On les emmenait à la guerre, on les faisait s'affronter en temps de paix dans les arènes, contre des ours, des taureaux et même des lions ! De quoi vous faire une réputation pour toujours. Pourtant dans ces cas-là, le plus féroce, est-ce le chien, ou l'homme qui a vraiment de drôles d'idées ?

L'épagneul breton

Tu le connais, bien sûr. À la campagne, l'épagneul breton est le compagnon favori des chasseurs. C'est peut-être aussi celui de ton grand-père. Quel accueil il te réserve à chacune de tes visites ! Son arrière-train en frétille de plaisir. Avec lui, tu es sûr de passer des vacances inoubliables...

Avec un regard comme celui-là, comment ne pas devenir son ami ?

Passe-partout

Trottant allègrement devant toi, l'épagneul se fige soudain en une statue de pierre. Tu as beau l'appeler, il ne détourne pas la tête. C'est qu'il est sûr de son coup et impatient de t'offrir ce spectacle : dès que tu t'approches, un faisan tapi dans les fourrés s'envole et criaille d'indignation. Ou encore c'est un lièvre qui bondit hors de son gîte. Il est passé par ici, il repassera par là... Ni les fourrés épais, ni les ajoncs piquants, pas plus que les sols détrempés et boueux ne sauraient décourager ton copain. Qu'il gèle ou qu'il fasse une chaleur tropicale, son nez, toujours à bon vent, est capable de démêler les ruses du gibier à poil et à plume.

Tu as le choix entre toutes les couleurs : blanc et orange, blanc et marron, noir et blanc, tricolore ou moucheté... Mais à tous, on a coupé la queue à l'âge de 8 jours.

Standard de race

Taille mâle : 48-50 cm
Taille femelle : 47-49 cm
Corps : cou moyen, poitrine profonde, dos court et croupe fuyante.
Tête : ronde.
Poil : fin, plat ou très légèrement ondulé.
Caractère : chasseur résistant, ardent et infatigable, doté d'un flair excellent. Équilibré, doux et sensible, cet agréable compagnon a bon caractère.

Un bon chien de compagnie

Si tu pouvais lui poser la question : « Préfères-tu venir en ville avec moi, ou attendre dans un chenil l'ouverture de la chasse ? » il te répondrait : « Avec toi, bien sûr ! » car ce chasseur est aussi un excellent chien de compagnie. Peu aboyeur, sociable, patient et joueur avec les enfants, l'épagneul est parfois un peu encombrant, en raison de son affection débordante...

S'il doit aller chercher le canard tombé dans l'étang, il s'élance aussitôt : pour cet excellent nageur, c'est un jeu d'enfant.

D'où vient son nom ?

Si l'on admet que le mot « épagneul » est la déformation « d'espagnol », pas de doute sur ses origines. Mais pourquoi, en Espagne, les épagneuls sont-ils alors appelés « chiens anglais » ?... Leurs ancêtres ne seraient-ils pas plutôt les « chiens d'oysels » (ou chiens d'oiseaux) décrits par Gaston Phébus au Moyen Âge ? Dans cette hypothèse, le nom viendrait du terme s'espagner, qui signifie « se coucher » en vieux français. À cette époque en effet, la chasse aux oiseaux se pratiquait au filet : dès que le chien détectait leur odeur, il s'aplatissait au sol ; on lançait alors le « rets », emprisonnant souvent tout le monde à la fois.

Têtu comme un petit cheval !

Tu lui reproches d'être parfois un peu têtu ? C'est aussi une qualité. Obstiné, courageux, il est toujours prêt à se surpasser pour gagner, ou simplement pour te plaire. Le climat et la vie rude de sa Bretagne natale l'ont façonné à l'image du petit cheval postier : petit gabarit (15 kg maximum), mais trapu, râblé, et dur à la tâche comme lui. En réalité c'est un copain au cœur tendre et un grand émotif aussi. Il te faudra l'éduquer avec fermeté bien sûr, mais aussi avec douceur et patience. Car ce n'est pas toujours facile pour lui de contrôler son enthousiasme !

Rondeur à surveiller

Le petit breton est déjà rond de partout ! Aussi dois-tu surveiller sa ligne et lui donner régulièrement de l'exercice. Après chaque sortie dans les bois, nettoie l'intérieur de ses oreilles. Brosse aussi son poil fin, si doux au toucher... Et s'il est vraiment trop crotté, un bain lui redonnera tout son éclat !

Autres épagneuls de nos provinces

Qui dit « épagneul » ne dit pas forcément « breton ». Il existe en effet quatre autres races d'épagneuls dans notre pays. Tous sont des compagnons doux, fidèles et plutôt faciles à éduquer...

◀ L'épagneul de Pont-Audemer ▼

Quel clown celui-là, avec sa perruque bouclée ! Pourtant il sort plus souvent d'un étang que des mains du toiletteur ! Grand spécialiste des oiseaux aquatiques, il possède un poil huileux, et ses pattes sont palmées. Même au cœur de l'hiver, tu pourras le voir plonger sans hésitation dans les marais glacés de Normandie... Mais il te faut bien chercher, car il en reste à peine 350 en France...

Apprécié partout !

Malgré son nom, l'épagneul breton actuel n'est pas un pur produit régional.
Il y a plus d'un siècle, les Anglais venaient chasser en Cornouailles. Ils amenaient avec eux leurs pointers, setters et spaniels. Ces chiens, plus forts et plus grands, se sont naturellement reproduits avec l'épagneul de Fougères, grand-père du petit breton.

Un chien à succès

La race s'est améliorée au fil des générations... Notre épagneul national est ainsi devenu le chien de chasse français le plus répandu. Il occupe la quatrième place des naissances, après le yorkshire terrier, le retriever labrador et le berger allemand. En plus, c'est un chien apprécié dans le monde entier : il y a environ trois fois plus d'épagneuls bretons aux États-Unis qu'en France !

◀ L'épagneul français ▲
Ce robuste athlète ne manque pas d'allure avec ses belles franges. Il serait le descendant direct du « chien d'oysels ». Impossible pour lui d'abandonner ses réflexes de chasseur ! Trottant en zigzag devant son maître, il marque même l'arrêt devant un pigeon ou un moineau sur le trottoir !

L'épagneul picard et le bleu de Picardie (non représentés ici) sont des races très proches de leurs cousins, dont ils partagent le caractère... Avec toutefois des couleurs différentes.

Le fox-terrier

Avec ce Milou très malin, tu ne risques pas de t'ennuyer ! Il respire la santé et la joie de vivre. Être son maître, c'est aller au-devant d'aventures, comme Tintin, le héros de la bande dessinée...

Hardi, petit !

Moustache insolente et poil robuste, le fox-terrier n'a pas froid aux yeux. Il frise même parfois l'inconscience, quand il disparaît sous terre pour aller se frotter à un renard ! (*Fox*, en anglais, signifie renard.) Mais il lui arrive parfois de payer très cher son goût pour la bagarre...

Il danse plus qu'il ne marche, et rebondit sur ses quatre pattes comme une balle.

Jeux de mains, jeux de vilains

Autrefois dans les cirques, on voyait des fox jouer au football ! C'est que ce chien est un vrai fouineur, passionné par tout ce qui bouge. Par plaisir, il attaque aussi l'aspirateur que tu remues sous son museau. Mais attention, ne l'excite pas trop : le fox se déchaîne vite et il n'est pas du genre à lâcher prise. Aussi, n'autorise jamais ton chiot à mordiller ta main ou ton pied. Offre-lui plutôt un jouet qui fait du bruit : il le mettra en pièces jusqu'à ce que l'objet se « taise ».

Un vrai copain !

Avec son esprit vif et rebelle, Milou n'aime pas être traité comme un chien mais plutôt d'égal à égal. Il n'obéit jamais sans comprendre, alors prends modèle sur Tintin : explique-lui gentiment ce que tu veux et tu obtiendras tout de lui. Mais il peut parfois faire semblant d'obéir, tellement il est astucieux !

Pour entretenir son poil, rien de tel que l'épilation manuelle : un fox tondu perd ses belles couleurs franches ; son sous-poil dense, qui protège sa peau, disparaît, et le chien risque d'attraper de l'eczéma.

Le défoulement

Un conseil : si tu ne tiens pas à ce qu'il se fasse écraser par une voiture ou mettre en pièces par plus gros que lui, ne l'enferme pas toute la journée. Un fox qui s'ennuie devient irritable, nerveux et fugueur. Laisse-le se défouler et libérer son trop-plein d'énergie. C'est une Cocotte-Minute sous pression !

Standard de race

Taille : de 35 à 39,5 cm
Corps : ramassé. Cou musclé, dos court et horizontal, rein puissant.
Tête : allongée et crâne plat.
Poil : poil très dur et dense (poil dur) ; droit, plaqué et lisse (poil lisse).
Caractère : chasseur rapide, résistant, ardent et courageux, il ne tient pas en place. Doté d'un fort tempérament, il a un caractère entier. Bon gardien, doux avec les enfants, il supporte mal les autres animaux de la maison.

Milou et Nipper sont des vedettes !

Tu connais Milou ! Les aventures de Tintin ont mis en valeur le courage et la malice de ce fox-terrier à poil dur. Mais un fox à poil lisse est tout aussi célèbre : Nipper. Francis Barraud, artiste peintre, aperçut un jour de 1899 son chien Nipper, assis, la tête penchée devant le haut-parleur de son Gramophone, fasciné par la musique qui en sortait. Le peintre en fit aussitôt un tableau. En devenant l'emblème de la marque Pathé Marconi, ce petit chien écoutant « la voix de son maître » connut la gloire. Le peintre beaucoup moins…

Pourquoi lui coupe-t-on la queue ?

Au Moyen Âge en Angleterre, un impôt taxait les chiens à longue queue ! Comme le fox-terrier était l'ami des pauvres, ceux-ci durent se résigner à lui couper la queue pour détourner la loi ! L'habitude est restée, car il est bien plus commode de saisir un bout de queue pour sortir le chien du terrier. L'amputation (d'un tiers seulement de la queue) se pratique 3 à 8 jours après la naissance.

Pour faire rire les enfants, le fox fait le pitre. Mais quand il est l'objet de leurs tracasseries, il préfère fuir plutôt que de se rebiffer.

Qu'il soit à poil dur ou à poil lisse, le fox-terrier présente une tête allongée en rectangle et une silhouette taillée au carré.

Autres terriers avec barbe et sans peur !

Le fox-terrier a des compères qui lui ressemblent : d'autres barbichus au tempérament de feu. Mais ce sont aussi des compagnons pleins d'humour et de gaieté.

L'airedale-terrier ▼

Pas évident pour le géant des terriers de se glisser dans un trou (il est deux fois plus grand qu'un fox). Pourtant, ce nageur remarquable fut « inventé » pour déloger les loutres. L'airedale fut aussi une des toutes premières recrues de la police et de l'armée britannique et allemande. Joyeux et sportif, il est le copain rêvé d'un maître aussi dynamique que lui.

Le welsh terrier ▲

Il a les couleurs splendides de l'airedale et la taille modeste du fox. Sans doute est-ce pour cela qu'il a de plus en plus la « cote » comme chien de compagnie...

Le border-terrier ▲

Il a vraiment le physique de l'emploi, celui-là, avec sa tête de loutre. Il est petit, 6 kg environ, mais la longueur de ses pattes lui permet de suivre un cheval au galop ! Peu connu en France, c'est pourtant le plus sociable des trois et le plus apte à s'adapter à la vie citadine. En plus, son poil rude ne demande qu'une seule épilation par an !

Le husky

Si le loup éveille toujours en toi quelque crainte enfouie au fond de ton cœur, le husky te fait rêver. Et s'il a les yeux bleus, tu « craques » ! Mais ne te lance pas dans l'aventure sur un coup de foudre. Ce chien n'est pas comme les autres : vivre avec lui n'est pas de tout repos...

Le siberian husky, un coureur de fond.

Entre chien et loup

C'est le portrait vivant de « Croc-Blanc ». En lui résonne toujours l'appel de la forêt. Laisse-le seul dans un jardin mal clôturé, et il fera une fugue à la recherche des siens. Car pour être parfaitement heureux, le husky a besoin d'avoir une place bien déterminée dans un groupe : dominant ou dominé, selon sa personnalité. Sinon, il se sent perdu !

Standard de race

Taille mâle : 54-60 cm
Taille femelle : 51-56 cm
Corps : cou dressé, poitrine forte, dos droit et solide, croupe inclinée.
Tête : crâne légèrement arrondi et yeux en amande.

Quelle belle complicité que celle de l'homme et de ses chiens, unis dans un même effort !

Il n'y a pas de neige ? Tant pis ! Tu peux aussi entraîner ton ou tes huskies à tracter un kart à roulettes. Et pourquoi ne pas t'inscrire à un club pour constituer de vrais attelages ?

Un fauve à contrôler

Si, au cours de son escapade, il tombe sur les poules du voisin, bonjour les dégâts ! Livré à lui-même dans la nature, il redevient un fauve. Aussi, as-tu intérêt à canaliser son trop-plein d'énergie en lui offrant un maximum d'activités. Une heure de footing par jour, de longues balades deux fois par semaine... Et si tu quittes tes pantoufles pour des après-skis, ton husky gardera sa bonne humeur.

Poil : double, de longueur moyenne. Aspect bien fourré.
Caractère : grand sportif qui a un besoin énorme d'exercice. Indépendant mais très sociable avec l'homme ; grand ami des enfants. Ne supporte pas la solitude, sinon il fugue.

Insoumis comme le chat

De tous les chiens nordiques, le husky est le plus doux et le plus amical. Avec les enfants, qui le remplissent de joie, il retrouve sans doute l'ambiance de sa tribu d'origine. Il accepte facilement l'autorité d'un maître ferme et juste, qu'il considère comme un chef de meute. Pourtant il n'obéit pas toujours volontiers aux ordres. Appelle-le : il n'ira pas au plus court pour venir à toi. Fier et indépendant, le husky peut être imprévisible. « C'est là tout son charme », disent ses admirateurs. Garder la maison n'est pas son problème : sans peur et sans méfiance, il n'est pas agressif envers les étrangers. Mais il remet vite à sa place un congénère qui montre les crocs !

Une course contre la mort

En plein cœur de l'hiver 1925, par – 30°C, une terrible épidémie de diphtérie se déclare dans le village de Nome, en Alaska. La pharmacie du docteur est vide, la ville la plus proche est à 1 100 km. La tempête qui fait rage empêche l'avion de décoller. Il ne reste plus que les pistes enneigées, accessibles aux seuls traîneaux. Alors, 19 attelages de huskies, soit 163 chiens, vont se relayer pour apporter au village les médicaments nécessaires. Le monde entier suit cette course haletante, qui durera au total 127 heures, plus de 5 jours complets... L'exploit sera plus tard immortalisé par la statue de Balto, l'un des chiens de tête, érigée dans Central Park à New York. Honneur bien mérité pour toutes ces vies humaines sauvées !

Non, ce n'est pas un loup blanc mais un superbe husky d'une couleur assez rare.

Froid, lui ? Jamais !

Habitué à vivre « à la dure », le husky est un chien qui demande très peu d'entretien. Ne lui donne jamais de bain, car sa peau sécrète une graisse qui imperméabilise son poil. Très utile dans le Grand Nord, pour se protéger de la neige ! Et comme sa fourrure se nettoie toute seule, tu n'as à craindre ni odeur, ni parasite. Si tu veux vraiment le faire beau, contente-toi de lui passer un coup de peigne d'acier une fois par semaine, ou tous les jours en période de mue.

En France, le husky connaît un essor spectaculaire. Ils étaient 3 inscrits au Livre des origines français en 1972, ils sont plus de 35 000 aujourd'hui.

La nuit des temps...

Sur les étendues glacées du nord de la Sibérie vivent les Chukchis, peuplade esquimaude isolée du reste du monde. Depuis des siècles, les huskies les ont aidés à affronter la nature inhospitalière, en tirant les lourds traîneaux et en pistant le gibier. Les conditions de vie sont tellement rudes, que les hommes ne pouvaient se permettre de garder des sujets faibles ou malades. Aussi les Chukchis n'ont-ils toujours conservé que les chiens les plus robustes. C'est la loi de la nature. Mais ne t'imagine pas pour autant que leurs chiens sont malheureux : ils ont aussi leur place dans l'igloo et gardent même les enfants en l'absence des parents.

La Grande Guerre

En France, les huskies font leurs premières armes dans les Vosges, pendant la guerre de 1914-1918. Sans eux, impossible de ravitailler les soldats en provisions et en munitions.

Une longue course

L'Alaska est le théâtre d'une brusque « ruée vers l'or » au début du XXe siècle. Pour se distraire, les prospecteurs organisent des courses de traîneaux entre villages et des paris sont engagés. En 1909, un marchand de fourrures met en concurrence dans une course de 650 kilomètres, quelques frêles sibérian huskies contre les puissants et trapus alaskan malamutes. Rires moqueurs. Mais, à la stupéfaction générale, l'attelage des « petits chiens » est l'un des premiers à franchir la ligne d'arrivée. L'année suivante, fort de cette expérience, un riche prospecteur ramène de Sibérie 70 huskies qu'il fait concourir en Amérique. C'est le triomphe... Et le début d'une folle expansion de ce chien exceptionnel, à travers le monde.

Les seigneurs du Grand Nord

Pour les Indiens et les Esquimaux, le terme « husky », qui signifie « enroué », désigne tous les chiens de traîneau. En effet, à l'exception du samoyède, tous hurlent ou grognent comme des loups plutôt qu'ils n'aboient. Jadis, les Esquimaux attachaient les chiennes en chaleur à l'orée de la forêt afin qu'elles s'accouplent avec un loup gris. Les chiots héritaient ainsi de leur père le respect de la hiérarchie au sein de la meute et l'aptitude à la chasse.

◀ Le samoyède ▲

C'est le plus élégant de tous. Les tribus nomades de l'Arctique filaient et tissaient son superbe poil blanc pour en faire des manteaux. Regarde le coin de ses lèvres : il a l'air de sourire ! C'est pourquoi on l'appelle aussi « le chien qui garde toute l'année la joie de Noël sur son visage souriant ». Gardien fidèle des troupeaux de rennes, c'est aussi un grand chasseur d'élans et de loups.

◀ L'alaskan malamute ▲

C'est le moins rapide de tous, mais le plus puissant. On le surnomme « la locomotive des neiges ». Ses maîtres, les Mahlemuts ou « hommes vivant à l'endroit où il y a de grandes vagues », tiraient leur nourriture de la pêche. Le travail des chiens était de haler les lourdes barques chargées de poissons, le long des berges et jusque sur la banquise.

◀ Le chien du Groenland ▲

C'est celui qui est resté le plus proche du loup. Compagnon inséparable d'explorateurs célèbres comme Peary, Amundsen ou Paul-Émile Victor, il réunit toutes les qualités du meilleur chien de traîneau : endurance, sobriété et charge tirée. C'est lui encore que François Varigas choisit pour traverser en 1982 le Grand Nord, du Groenland à l'Alaska.

Le labrador

Un superchien, le labrador ! Un brave toutou aussi, auquel tu as toujours envie de faire une caresse. Avec lui, tu te sens bien. À l'aise partout et même dans l'eau, il a gagné sans tapage l'estime de tout le monde. Normal : il sait tout faire !

Trouve-tout

Ce modeste pêcheur a su se recycler. À la chasse aux canards, il observe et se souvient : à l'ordre de son maître, il saura rapporter les oiseaux dans l'ordre où ils ont été tirés et pas un seul ne manquera... Quelle mémoire et aussi quel flair ! Si ton père n'est pas chasseur, n'hésite pas à te jeter à l'eau avec ton copain dès que tu en as l'occasion : priver de baignade un labrador est une véritable punition !

Standard de race

Taille mâle : 56-57 cm
Taille femelle : 54-56 cm
Corps : puissant et arrondi. Cou solide, poitrine large, rein court.
Tête : large et ronde. Mâchoires puissantes.
Poil : court et dense. Sous-poil résistant aux intempéries.
Caractère : chasseur actif, agile, il a beaucoup de nez, est équilibré et a bon caractère. Très agréable chien de compagnie.

Mi-loutre, mi-chien

La légende raconte que le labrador serait né des amours d'une loutre et d'un chien de Terre-Neuve... C'est vrai que son poil court et dense rappelle au toucher celui de la loutre et que son sous-poil est gras, parfaitement imperméable. Sa peau épaisse ne craint pas l'eau glacée, et sa queue lui sert aussi de gouvernail quand il nage. Finalement, la légende n'est qu'à moitié fausse, car son ancêtre fut bien le chien de Saint-John, sur l'île de Terre-Neuve. Auxiliaire des pêcheurs de morue sur les côtes du Canada, il rattrapait les poissons qui s'échappaient des mailles du filet. Tu comprends maintenant pourquoi ton labrador aime tant barboter dans les flaques d'eau !

Un surdoué

Le labrador est tellement intelligent, que tu peux tout lui apprendre. Mais il faut parfois user d'un brin de fermeté, car ce coquin-là considère tout comme un jeu : plonger d'un tremplin, rapporter un objet à 2 m de profondeur, ou encore tirer un petit canot pneumatique…
Très précoce, il est capable du meilleur dès l'âge de 8 mois.

Le labrador a un cou fort et puissant qui supporte une tête large et bien dessinée.

Généreux

Il est toujours prêt à se surpasser et même à prendre des initiatives pour te faire plaisir. Aussi, rien d'étonnant à ce qu'il soit utilisé dans le monde entier, aussi bien pour guider les aveugles et les handicapés que pour détecter la drogue ou les explosifs… Bien sûr, sa voix caverneuse et sa forte carrure impressionnent, mais sa nature généreuse le pousse plutôt à sauter au cou des visiteurs : il serait dommage d'en faire un chien de garde…

Il rapporte dans ses robustes mâchoires de grosses pièces sans les abîmer.

Ces adorables chiots en feront craquer plus d'un.

Le vent en poupe

Avec 159 000 naissances par an, il est au premier rang des naissances de chiots aux États-Unis et en Grande-Bretagne. Il a connu une forte expansion en France où il est devenu très à la mode. C'est le favori des présidents de la République : Georges Pompidou, Valéry Giscard d'Estaing et François Mitterrand en ont possédé un. Preuve qu'il s'adapte à tous les styles !

Les retrievers : des pêcheurs devenus chasseurs

Ils sont tous originaires de l'île de Terre-Neuve, et c'est à bord des morutiers qu'ils sont arrivés en Angleterre. Ce pays allait devenir leur seconde patrie. Il en existait alors de toutes sortes : des grands, des petits, à poil long ou poil court, aux robes noires ou jaunes... Les lords anglais, chasseurs riches et passionnés, accueillirent ces chiens « marins » avec enthousiasme. Les setters et autres pointers, qu'ils possédaient déjà, étaient des chiens d'arrêt. Les faire se jeter à l'eau pour aller récupérer le gibier était contraire à leur nature. Peu à peu, ils eurent l'idée de croiser les chiens pêcheurs et les chiens chasseurs, afin d'affiner leurs formes et leur flair. Ainsi naquit, au milieu du siècle dernier, la famille des retrievers. Parmi les cinq ou six races existantes, trois d'entre elles font aujourd'hui carrière, car être un bon rapporteur n'est pas facile.

◀ Le flat-coated retriever ▲

C'est le plus rapide des retrievers, mais il s'est largement fait détrôner par le labrador et le golden. Ce terre-neuve, de taille moyenne, possède pourtant l'élégance d'un setter ! Le seul ennui, c'est que la vie citadine ne convient guère à son enthousiasme. Si tu habites la campagne, n'hésite pas à profiter de son heureux caractère : en dehors de la chasse, son plus grand plaisir sera de patauger avec toi.

Occupe-toi de lui

Le labrador aime la compagnie. Livré à lui-même pendant toute une journée, il s'ennuie à mourir et risque de commettre quelques dégâts. Ne te fie pas à son air placide. Même s'il adore somnoler au coin du feu, c'est un chien né pour travailler en équipe avec son maître. Privé d'exercice ou de jeux, ton copain, déjà bien rondouillard (chez lui, c'est une protection naturelle contre le froid), va peu à peu s'empâter. Car il a un appétit d'ogre ! Alors, sois certain de pouvoir lui offrir une vie simple, bien remplie, proche de la nature... et de l'eau !

Il n'hésite pas à se jeter dans l'eau glacée.

◀ Le golden retriever ▼

C'est un chien « en or ». Il porte bien son nom, avec sa belle fourrure dorée qui t'invite à le caresser. Plus affectueux, et encore plus sensible que le labrador, c'est un chien à manier avec une grande douceur. Il n'est pas encore très répandu en France, mais il est classé 2e aux États-Unis et 5e en Grande-Bretagne au rang des naissances de chiots de race.

Le lévrier de l'Azawakh

Te voilà envoûté par la beauté fulgurante de cet animal rare et mystérieux. Tu serais prêt à faire beaucoup d'efforts pour vivre à ses côtés, avec le plaisir de le contempler à chaque instant ; mais tu peux aussi l'apprivoiser, si tu t'en donnes la peine.

Le trésor des Touareg

Dans la steppe sud-saharienne du bassin du Niger, le soleil vient de disparaître. Les « hommes bleus » ont déployé les tentes, de petits feux sont allumés pour cuire le repas du soir. Les dunes sont silencieuses, les étoiles clignotent. Dans la pénombre, glissent des ombres aériennes... Les lévriers de l'Azawakh entament leur ronde nocturne autour du campement. Sous la tente, d'autres chiens parés de bijoux et de cuir reposent avec indolence sur des couvertures touareg. Ils viennent de battre à la course deux gazelles et un lièvre, et les hommes les admirent... Tout cela, hélas, se passait hier. Car le Sahel devient désormais chaque jour davantage un océan de sable abandonné de tous...

Sa vitesse ne dépasse pas 55 km/h en moyenne. Mais son endurance lui permet de venir à bout d'une antilope ou d'un lièvre. Grâce à ses dons de sauteur, il peut aussi s'emparer d'une pintade !

Noble nomade

Arraché à son désert par des coopérants français, il y a juste 30 ans, l'azawakh continue à rêver de liberté et de conquête... Pendant des siècles il a accompagné les nomades sans pour autant accepter la servitude. Il est si fier que tu te demandes parfois si ce n'est pas toi qui habites chez lui : il choisit toujours le meilleur fauteuil ou la couette la plus moelleuse pour s'y lover comme un chat pendant des heures. Les jours froids ou pluvieux, il refuse même de sortir. Et toi, tu n'oses pas le déranger ! Pourtant il suit tous tes gestes et devine tes intentions : il t'aime en secret mais est trop pudique pour manifester ses états d'âme !

Une éducation à faire...
... contre nature

Tu es amoureux de lui, tu trouves magnifique ce « sauvageon » et tu aimerais ne pas rompre le charme en essayant de l'apprivoiser… Ne rêve pas trop quand même : tu ne vis pas dans un désert ! Essaie au contraire de lui apprendre dès sa prime jeunesse à s'adapter à ton monde. Promène-le en ville, dans la foule. Présente-lui tes copains, pour adoucir sa méfiance farouche de tous les étrangers. Si tu en as envie, fais-le aussi participer à des courses de lévriers, vitesse ou chasse : il deviendra plus sociable avec les autres chiens. Avec de la patience, tu pourras même obtenir de lui qu'il revienne à l'appel de son nom.

Standard de race

Taille mâle : 64-74 cm
Taille femelle : 60-70 cm
Corps : allongé. Cou long et fin. Poitrine haute et étroite. Hanches saillantes. Ventre bien remonté.
Tête : étroite et fine. Museau long et rectiligne.
Poil : ras et fin. Absence de poil sur le ventre.
Caractère : chasseur rustique, vif et résistant. Vigilant et farouche, c'est un bon gardien. Caractère très affirmé. Indépendant mais affectueux avec ses maîtres.

Noble retenue

Ses câlins ne sont pas explosifs, mais tu les apprécies à leur juste valeur ! Et quand il a envie d'une caresse, un léger coup de nez sous ton coude ou une plainte étouffée te rappellent discrètement à l'ordre.

On devine nettement leurs côtes, mais pas d'inquiétude ! La « maigreur » est un signe de bonne santé chez cet athlète aux muscles secs et puissants.

Attention à l'instinct

L'azawakh conserve toujours ses instincts primitifs. En forêt, demeure vigilant : ce chasseur passionné poursuit tout ce qui bouge : chevreuil, chien et même promeneur… Si c'est une femelle, elle cherchera à creuser un terrier au moment de mettre bas. Si elle ne trouve rien d'autre, elle mettra à sac les coussins pour y faire son nid...

Les Touareg tiennent un livre des naissances, et sélectionnent l'azawakh avec le même soin que les chevaux pur-sang.

Lévriers du pourtour méditerranéen

Leur origine est très ancienne. En plein Sahara, on a retrouvé des fresques rupestres vieilles de 7 000 à 9 000 ans, sur lesquelles figurait déjà un lévrier ! Il réapparaît ensuite sur des hiéroglyphes égyptiens où l'on distingue un lévrier aux oreilles droites et à la queue enroulée... Puis on le retrouve dans trois îles méditerranéennes, importé par les Phéniciens. Voilà pourquoi podenco, chien du pharaon et cirneco se ressemblent : ce sont les descendants du lévrier africain, devenus spécialistes du lapin. En dehors de ces îles, ils ont peu à peu disparu. Un lévrier « type sloughi » venu des grandes steppes d'Asie, aux oreilles et à la queue tombantes, plus rapide pour chasser la gazelle, les a détrônés auprès des Bédouins.

Le galgo ▲

Les Espagnols peuvent être fiers de leurs galgos, ardents chasseurs, utilisés depuis des siècles dans les campagnes castillanes et andalouses. Dans leurs veines, coule le sang des trois grands types de lévriers : le podenco, le sloughi et le greyhound.

Le sloughi ▲

Le voilà, cet autre prince conquérant du désert. Quelle fierté, quelle noblesse, quel tempérament aussi ! C'est le plus félin des lévriers. Est-ce la nostalgie des dunes qui donne à ses yeux topaze ce regard si doux ? Hélas, elles ne sont plus désormais pour lui qu'un mirage...

Le podenco ibicenco ▲

Aux Baléares, les lévriers d'Ibiza, à poil dur ou lisse, sont de grands ennemis des lapins... Et si tu as un podenco, clôture bien ton jardin car sauter 1,80 m sans élan ne fait pas peur à ce chien-kangourou !

Le chien du pharaon ▼

Regarde sa tête : c'est le portrait-robot d'Anubis, le dieu des morts, conducteur des âmes des pharaons défunts. Dans l'île de Malte, on l'appelle le tal-fenek, fenek signifiant « lapin ». Pas étonnant : il est même capable de le rapporter vivant !

Le cirneco de l'Etna ▲

C'est le plus petit des lévriers africains, mais quel acrobate ! Grâce à lui, les chasseurs siciliens peuvent discrètement faire provision de lapins sur les pentes rocailleuses du volcan.

238 Copain des chiens

Le saint-bernard

Nos voisins les Suisses ont la réputation d'être des gens pacifiques et prévoyants. La preuve : longtemps avant d'inventer la Croix-Rouge, ils élevaient déjà le saint-bernard, ce géant des montagnes dont l'intuition et le dévouement sont légendaires.

Selon la variété du chien, sa robe est constituée de poils plus ou moins longs. Le « poil court » fut sélectionné par les moines : la neige s'y attache moins facilement.

Gardien dévoué de la montagne

Tout le monde connaît l'image du chien, un tonnelet autour du cou et un enfant accroché à ses poils. Mais saint Bernard, c'est aussi un personnage religieux qui a donné son nom à un fameux col de montagne suisse. L'été, tu peux y monter en voiture : des moines ont construit un hospice là-haut, ils t'accueilleront et te raconteront l'histoire passionnante du courageux chien des neiges. Ils en savent quelque chose : c'est leur ami depuis trois siècles déjà ! Combien de fois les saint-bernard les ont-ils protégés des pillards accueillis charitablement, le temps d'une halte à l'hospice ?

Indispensables

Pour nourrir moines et voyageurs, des chiens bien éduqués descendaient de l'hospice à l'alpage chercher du lait et du beurre dans deux gros vases fermés, chargés sur leur dos. D'autres chiens tournaient la broche où cuisait la viande. À l'époque, les « roues à chien » étaient courantes. Comme le cheval ou l'âne, on harnachait le chien pour ce travail.

Standard de race

Taille mâle : 70 cm minimum
Taille femelle : 65 cm minimum
Corps : imposant. Cou fort, dos large, train arrière bien développé.
Tête : puissante. Crâne large, museau court.
Poil : deux types : long et ondulé ou court, dense et rude.
Caractère : tranquille, calme, doux, aimable, sociable, dévoué, il adore les enfants. Méfiant à l'égard des étrangers, il lui faut une éducation ferme.

Promenade matinale des chiens de l'hospice du col du Grand-Saint-Bernard ; rien n'est plus beau que de voir ces splendides bêtes s'ébattre dans leur univers de neige et de montagne.

Un vrai « chasse-neige » !

À la mauvaise saison, un moine pouvait aider les voyageurs à passer le col entre l'Italie et la Suisse. Devant eux, un ou deux chiens traçaient la piste. Le saint-bernard avance sans difficulté dans la neige : son large poitrail la soulève et il la repousse sur les côtés avec ses pattes puissantes. Derrière lui, il laisse un profond sillon dans lequel l'homme peut avancer en sûreté. En mai 1800, il fallut 8 jours aux 40 000 soldats de l'armée de Bonaparte pour passer le col... Et pas un seul ne fut victime du mauvais temps.

Les archives de l'hospice possèdent des gravures relatant les exploits des saint-bernard. Ici, tu en vois un gratter la neige à l'endroit où une seconde victime est ensevelie.

Aujourd'hui, la traversée du col du Grand-Saint-Bernard ne présente plus guère de danger. L'hospice continue néanmoins d'élever des chiens. Visite le chenil, tu y verras les « petits-enfants » de Barry.

Sauveteur des neiges

Le saint-bernard mérite bien la médaille de sauveteur des neiges, même si on lui préfère aujourd'hui le berger allemand, plus léger et plus rapide. Combien de pèlerins égarés ou ensevelis sous une avalanche a-t-il sauvés, grâce à son intuition extraordinaire et à son dévouement sans bornes ?

Un tantinet cabochard

Tu lui donnerais le bon Dieu sans confession, c'est sûr ! Pourtant, ce n'est pas toujours facile d'obtenir ce que tu veux de ce colosse aux yeux implorants. Espiègle ou sûr de lui, il demeure imperturbable. Aussi, dois-tu lui apprendre très tôt les règles du savoir-vivre canin. Sinon, il risque d'imposer sa loi autour de lui, qui est celle du plus fort ...

Ange gardien des petits

Devenu chien de compagnie, le montagnard a conservé envers les enfants son instinct protecteur. Peut-être as-tu appris à marcher en t'accrochant à ses poils ? Toujours d'humeur égale, il supporte tes taquineries comme il brave la tempête… Insensible comme le roc, ce chien ? Non, un « monstre » de gentillesse et de patience. Mais gare à celui qui osera toucher un seul de tes cheveux !

Le saint-bernard gardera toujours son instinct protecteur. Confie-lui un bébé, il le veillera comme une mère !

Barry, le fameux saint-bernard

Le monde entier connaît ce héros, qui découvrit un jour un enfant endormi dans la neige. Après l'avoir réchauffé à grands coups de langue, le chien le porta sur son dos à l'hospice. La légende, reprise au cinéma dans le film « Barry », veut que le chien sauva 40 personnes et qu'il périt sous le coup de piolet de la 41e, affolée à la vue du molosse venu la secourir. En réalité, Barry mourut en 1814 de sa belle mort, à l'âge de 14 ans. Tu peux le voir au musée d'Histoire naturelle de Berne, où il a été naturalisé. À l'entrée du cimetière des chiens d'Asnières, également, sa statue veille sur tous ses compagnons…

Un choix à ne pas prendre à la légère

Même s'il est plutôt nonchalant, le saint-bernard a besoin de beaucoup d'espace et de repas très copieux. Avant de t'attendrir sur la petite boule de poils d'environ 500 g, pense qu'elle pèsera 50 kg un an plus tard et près du double à l'âge de 2 ans ! Une croissance délicate, à surveiller de près…

Autres géants des montagnes

Ce sont tous de gros pères tranquilles, qui apprécient la douceur d'un foyer ! Mais en eux sommeille encore le dogue du Tibet, un guerrier farouche et indépendant. N'oublie jamais de leur offrir espace et activités à leur dimension : un montagnard qui s'ennuie devient vite grognon.

Le charplaninatz ▶

Sa patrie d'origine ? Les hauts plateaux de la Yougoslavie. Gardien incorruptible des troupeaux qu'il défendait jadis contre les attaques des loups, ce berger au flegme rassurant, veille maintenant sur toi.

Le leonberg ▲

Le « lion de la montagne » est un doux « cerbère », aussi magnifique que bon. Et habitué à fréquenter du beau monde : il a été le compagnon favori de la reine Marie-Antoinette et aussi de Sissi, l'impératrice d'Autriche.

▼ Le bouvier bernois ▶

Surnommé « l'ourson », c'est le plus connu des bouviers suisses. Autrefois chien de laiterie, il tirait les charrettes remplies de bidons de lait. Il gardait aussi les bâtiments de ferme et menait les vaches à l'alpage.

◀ Le dogue du Tibet ▼

Tu es déçu ? Leur ancêtre à tous n'a rien à voir avec l'image du monstre féroce décrit dans les récits : on le prétendait alors croisé avec un tigre ! Certes, quand il est en colère, il se hérisse et rugit comme un fauve. Mais il n'abuse jamais de sa force.

Le setter irlandais

Les Anglais avaient leurs setters ; les Irlandais ont voulu le leur, et c'est une grande réussite ! Ils en ont fait un « pur-sang ». « Trop fougueux pour être efficace à la chasse », disent les mauvaises langues... Mais le succès qu'il remporte aujourd'hui dans les épreuves de travail prouve que le Beau et le Bon ne sont pas incompatibles. En réalité avoir un setter irlandais, ça se mérite !...

Oriflamme serpentant dans les prés, ce diable de chien mène un train d'enfer.

Tout feu, tout flammes

Sur sa beauté, tout le monde est d'accord. La robe soyeuse et frangée du setter irlandais est magnifique. Éclairée par le soleil, elle prend les tons chatoyants et cuivrés de l'automne. Rouge flamboyant, acajou doré, châtaigne mûre... Léger et désinvolte, le chien caracole au gré du vent. Tu as intérêt à avoir du souffle, si tu ne veux pas le perdre de vue dans les prés !

Avec un tel flair...

Le setter est un excellent chasseur. Quand son museau, sensible comme un radar, capte une onde connue, il s'immobilise soudain. Ses narines dilatées palpitent. Vite, rejoins-le sans faire de bruit et retiens-le, car sinon il va se couler vers la bécassine qui s'envolera à tire-d'aile ! Inutile de la déranger : elle a peut-être des petits.

Tendu à l'horizontale, le setter s'approche au ras du sol du gibier qu'il a repéré.

Pas si fou qu'on le dit !

Le setter irlandais reste toujours capable de maîtriser sa fougue. Il n'est pas ce chien « fou » et indomptable, dont on a dit tant de mal ! Mais, vif et nerveux, il a besoin de beaucoup d'exercice pour garder son équilibre. Comme un cheval de course, tu le vois souvent piaffer d'impatience. Pour lui, galoper le nez au vent est aussi indispensable que de manger ! Son enthousiasme est en réalité la marque de son caractère courageux et passionné. Patience et fermeté seront nécessaires pour éduquer ce rebelle épris de liberté. Un chien à ne pas mettre entre toutes les mains. Face aux brimades, il se cabre !

Standard de race

Taille mâle : 54-62 cm - **Taille femelle :** 52-60 cm
Corps : poitrine étroite et profonde. Dos droit et bien musclé. Croupe large et puissante.
Tête : longue et fine. Museau assez carré.
Poil : court et fin sur la tête, le devant des pattes et l'extrémité des oreilles, mi-long ailleurs. Franges derrière les pattes, sur la gorge, le poitrail et le ventre.
Caractère : chasseur d'une énergie débordante, fougueux, indépendant. Doux avec les enfants, loyal et affectueux. C'est un compagnon agréable mais pas de tout repos.

Quelle fière allure dans sa robe de feu !

Copain des hommes

Pas plus indiscipliné qu'un autre, il n'y a qu'une seule chose qu'il ne supporte vraiment pas : c'est la vie en chenil ou la solitude en appartement. Mets-toi à sa place ! Si tu veux avoir un setter, il faut pouvoir lui offrir de longues balades en liberté. Tu ne le regretteras pas, ce grand voyou est un compagnon de jeu formidable. Tout l'amuse : courir après des objets, escalader des talus, plonger dans le premier ruisseau venu en t'éclaboussant avec joie... même si tu ne trouves pas ça toujours drôle ! En revanche, ne lui demande pas de monter la garde : il est incapable de faire du mal à une mouche ! Pas plus que de se pavaner dans un salon : avec lui, chasse le naturel, il revient au galop !

Les setters, des chiens d'arrêt dans le vent

Qu'ils soient irlandais, anglais ou écossais, ces sportifs de haut niveau n'ont pas oublié de soigner leur style : regarde-les sillonner le terrain. Loin de leur maître, le nez au vent, à droite, à gauche, ils dessinent dans l'espace de larges lacets concentriques... Comme tous les épagneuls continentaux et les spaniels anglais, les setters ont pour ancêtres les chiens « d'oysels » utilisés jadis pour chasser les oiseaux au filet. Leur nom confirme cette origine : *to set* en anglais signifie « se coucher » ou « tomber à l'arrêt ». Une attitude familière de ces chiens en train de chasser. Doux et très attachants, ils sont aussi des copains de choix. Mais garde ce secret pour toi, si tu ne veux pas t'attirer les foudres des passionnés de setters, qui veulent avant tout préserver leurs qualités de chasseur...

▲ Le setter anglais ▶

Quelle souplesse ! Un vrai chat à l'affût. Plaqué au sol, il glisse au ralenti vers la proie, tous les muscles tendus... Dans les concours, le setter anglais se fait autant remarquer que les pointers. Obéissant et enjoué, toujours d'humeur égale, c'est un chien très facile à vivre.

▲ Le setter Gordon ▶

Robe noire et marquée de feu, allure noble, regard doux et brillant : telles sont les caractéristiques de ce *gentleman-farmer* écossais, le plus puissant des setters. Plus lourd et charpenté que les autres, c'est un coureur de fond plutôt que de vitesse. Plus calme, il est le protecteur des enfants.

Le teckel

« Tu l'as acheté au mètre ? » demandent tes copains. Si tu crains le ridicule, pas lui ! L'œil vif, toujours content de lui, il trottine allègrement sur ses courtes pattes, prêt à mettre en fuite le plus gros des chiens. Son courage frise même l'inconscience quand il poursuit un sanglier. Car avant d'être un tendre compagnon, le teckel est un chasseur hardi !

Teckel des champs...

Sa petite taille lui permet de se faufiler partout et même d'aller débusquer renards et blaireaux au fond de leurs terriers ! Le teckel est aussi un pisteur remarquable, qui fonce ventre à terre sur la voie du lièvre en aboyant comme un forcené. En Allemagne et dans l'est de la France, on l'utilise couramment pour retrouver un animal blessé.

Poil long, poil dur ou poil ras, ces trois diablotins ont l'air très doux. Mais ils cachent une audace et une endurance à toute épreuve.

Comme toujours, les plus petits sont les plus chers !

... teckel des villes

Fouineur infatigable, le teckel apprécie également le « repos du guerrier ». Si tu n'y prends pas garde dès les premiers mois, il va s'accaparer les meilleures places de la maison : fauteuil, canapé, lit... Tu veux le déloger ? Il fait la sourde oreille ou les yeux doux et s'il le faut se mettra à grelotter. Quel comédien ! Inutile de crier ou de le brusquer : tu perdrais sa confiance et son amitié. Sois plus roublard que lui : prends-le par les sentiments. C'est son point faible !

Standard de race

Taille mâle : variable : 17-25 cm
Corps : longiligne. Thorax haut et large. Ventre bien relevé. Croupe longue, compacte et arrondie.
Tête : longue et de forme conique, vue de dessus.
Poil : dense et lisse (poil ras) ; souple et droit ou légèrement ondulé (poil long) ; court, droit et rude (poil dur).
Caractère : chasseur robuste, courageux et endurant, il a une forte personnalité. Indépendant, il est parfois belliqueux envers ses congénères. Affectueux et gai, il est aussi possessif mais très attachant.

Un chien qui a ses têtes

Emmène ton teckel chez un copain qui n'aime pas les chiens. Tu le verras faire des allers et retours vers la porte, l'air de dire : « On s'en va ? » Et il aura ton ami à l'œil, surveillant ses moindres gestes. Le teckel possède une personnalité si forte, qu'on en a même surpris un, allant enterrer dans le jardin les objets personnels de quelqu'un qu'il n'aimait pas ! Quel caractère !

Le pelage soyeux, brillant et légèrement ondulé du teckel à poil long lui donne fière allure.

Le teckel à poil ras est le plus ancien de tous.

À l'aise partout, pourvu qu'on l'aime

Observateur et intuitif, le teckel te connaît tellement bien qu'il abuse même parfois de la situation. Tu peines sur tes devoirs ? Le voilà qui vient mordiller ton crayon et frotter sa tête sur ta page blanche. Tu boudes ? Il trouve alors une autre astuce pour te distraire : il bâille et s'étire comme un chat, ou se roule sur le dos avec des galipettes à faire mourir de rire comme pour te dire : « Viens jouer avec moi… » Mais, plutôt que de courir bêtement après une balle, il préfère te disputer une pantoufle qu'il ne lâchera pas de sitôt ! Ses mâchoires d'acier se referment comme des tenailles.

Le pelage serré et touffu du teckel à poil dur lui donne un air rustique.

Une histoire pleine de croisements

Le père de tous les teckels est sans aucun doute celui à poil ras. Il serait le résultat d'une mutation du bruno du Jura, grand chien courant devenu basset par un caprice de la nature. Sa silhouette fut affinée ensuite par sélection, les éleveurs souhaitant l'utiliser pour la chasse sous terre. Puis le teckel à poil ras fut croisé avec des épagneuls pour donner naissance au teckel à poil long, plus docile. Naissance aristocratique, puisque elle eut lieu à la cour de Bavière ! Enfin, il y a une centaine d'années, le mariage du teckel à poil ras et du chien d'écurie allemand, le schnauzer, fit apparaître le teckel à poil dur. Rustique, sympathique, original, ce dernier est vite devenu le compagnon de nombreux chasseurs.

Garde-le en forme !

Pour éviter d'avoir un teckel bedonnant promène-le chaque jour et surveille de près sa ligne : à 18 ou 20 ans, il sera encore un don juan ! Tu redoutes pour lui la « paralysie du teckel » ? Choisis un chiot aux bonnes origines : c'est un atout supplémentaire pour avoir un compagnon en bonne santé ayant du caractère mais jamais d'agressivité.

Trois poils, trois tailles, trois couleurs

Aucune race ne regroupe un tel éventail de chiens sous un même nom. Fais le compte de toutes les combinaisons possibles, tu obtiens au moins 27 portraits de teckels. Car sous des robes différentes, il s'agit bien de la même race de chien ! Pour le classer, les spécialistes ont créé pour lui un groupe particulier : le quatrième. Distinction unique dans le monde de la cynophilie, c'est-à-dire de l'élevage du chien !

Variantes

Trois tailles sont définies : le teckel standard (pas plus de 9 kg), le nain (pas plus de 4 kg) et le kaninchen-teckel, spécialiste de la chasse au lapin (pas plus de 3,5 kg). Les variétés à poil ras et long peuvent être unicolores (blond pâle ou rouge foncé), bicolores (noir et feu) ou plus rarement arlequin (robe tigrée, curieusement tachetée). Pour le poil dur, toutes les couleurs ou presque sont admises : gris-noir, poivre et sel, jaune marron...

Étrange hasard

TQL... Ce n'est pas un code secret, mais les hiéroglyphes égyptiens où figurent les premiers bassets. Plus étrange encore, *tekal* ou *tekar* signifie « fougueux et hardi » dans la vallée du Nil... Pourtant c'est bien en Allemagne que les teckels, appelés *Dachshunde* (ou chiens de blaireau), ont été créés. D'ailleurs, avec leur humour inimitable, les Anglais les caricaturent sous le nom de « *German sausage* » (saucisse allemande).

Trois longueurs de poil

La forme à poil ras était seule à l'origine. Elle a servi à produire les deux autres.

Le teckel à poil ras

Un pur-sang, celui-là ! Sous sa robe luisante et serrée, on devine tous les muscles tendus. C'est le plus vif des trois. Son plus grand plaisir est de creuser la terre pour te rapporter une taupe ou un mulot.

Le teckel à poil dur

Il est rigolo avec son air bourru, ses sourcils broussailleux et sa barbichette. Le teckel à poil dur est moins frileux que ses frères, mais il faut l'épiler pour lui conserver sa belle allure et éliminer les poils trop mous !

Le teckel à poil long

Ses longues franges qui descendent jusqu'aux pattes lui donnent un air majestueux. Mais il est aussi très souple et peut sauter sans élan 1,20 m de hauteur ! C'est le plus calme et le plus affectueux des teckels.

Le yorkshire-terrier

Il ressemble parfois à une poupée avec son petit ruban noué sur la tête. Mais regarde-le courir et faire le fou dans le jardin : c'est bien un vrai chien, qui a besoin de se dépenser comme les autres !

À l'origine, un travailleur

Son succès dans les salons ne lui a pas tourné la tête. Le yorkshire-terrier n'est après tout qu'un ancien chasseur de rats. Compagnon des ouvriers vers 1900, il a connu la vie rude des filatures et des houillères anglaises. En se faufilant dans leurs garennes, il savait aussi débusquer les lapins : de quoi améliorer l'ordinaire des familles très pauvres.

À chaque yorkshire, une coupe personnalisée…

Un ratier devenu dandy.

En faire un bijou ?

Il y a en fait deux façons de vivre avec un yorkshire. Soit tu lui conserves son petit air coquin sans mise en plis particulière, soit tu pomponnes sa précieuse toison aux reflets d'or et d'argent, pour en faire un vrai bijou d'exposition. Sa beauté nécessite tout un rite : bains fréquents, démêlages quotidiens, mise en papillotes pour protéger ses poils, traitement à l'huile de coco... Prévois donc du temps, fais-lui une belle raie au milieu du dos et n'oublie pas enfin d'attacher ses « cheveux » avec une petite barrette ou un ruban. Ce n'est pas une simple coquetterie : une frange trop longue irrite ses yeux fragiles !

Petit chien, grand caractère

Avec son passé, le yorkshire ne sera jamais un bibelot de luxe. En revanche, c'est un bon comédien qui apprécie la compagnie des hommes. Il y a du monde à la maison ? Il pointe sa jolie frimousse aux yeux pétillants de malice, prend un air important et fait son numéro de séduction. Il a gagné ! La conversation tourne autour de sa petite personne. Il adore qu'on lui fasse des compliments.

Les chiots naissent tout noirs, avec quelques flammes autour des yeux et aux pattes. Leur poil est ébouriffé. Après quelques mois, le noir vire au gris acier, tandis que la tête et la poitrine prennent des couleurs dorées.

Standard de race

Taille mâle : 20 cm environ
Corps : compact et râblé.
Tête : petite et plate. Museau pas trop long.
Poil : pend parfaitement droit de chaque côté du corps, partagé par une raie qui va du museau à la queue. Texture fine et soyeuse.
Caractère : vif, impulsif, courageux et têtu. Affectueux et pas rancunier, il sait se faire respecter des enfants trop turbulents.

Très sensible

Tu lui reproches parfois d'être un peu « pot de colle » quand il réclame par exemple une friandise. Mais il est si sensible, qu'il a besoin d'être vraiment chouchouté, sous peine de devenir déprimé. Fais-t'en plutôt un complice en l'emmenant jouer dehors. Il s'amuse d'un rien, court après un oiseau, un papillon ou une feuille morte. Plein de fougue et de drôlerie, il se glisse dans les buissons, creuse des trous et revient tout crotté... mais heureux !

Autres terriers de compagnie

Ces petits terriers sont tous des lascars effrontés, partis à l'origine d'Écosse pour arriver parfois jusqu'en Australie. Anciens chasseurs de blaireaux, renards, loutres et rongeurs, ils ont de la vitalité à revendre. Tu as le choix entre les sophistiqués et les rustiques mais, quelle que soit leur présentation, ce sont tous de joyeux polissons !

Le Dandie Dinmont terrier ▶

Qu'il est original celui-là, avec son toupet de poils sur le crâne, son dos et sa queue tout en courbes, sa robe poivre ou moutarde et son regard mélancolique. Ce chien tire son nom d'un roman de Walter Scott, célèbre écrivain écossais, mais il mérite aussi d'être connu pour lui-même !

◀ Le norwich-terrier

Bien qu'il ressemble à un cairn, il n'est pas d'origine écossaise. C'est un terrier *made in England*. Doté d'un tempérament gai et peu bagarreur, il pétille de malice et déborde d'entrain. C'est sans doute pour cela qu'il est devenu la mascotte des étudiants de Cambridge.

▲ **Le scottish terrier et le west-highland-white-terrier** ▶

Ce sont eux, les frères noir et blanc dessinés sur l'étiquette d'une célèbre bouteille de whisky. Mais quoi de plus naturel pour un alcool écossais... Sourcils en bataille, moustaches folles et toilette rétro, Scottie, le barbichu, a un chic fou. Son compagnon Westie, lui, est le vilain petit canard que l'on éliminait autrefois dans les portées de cairn-terriers. La couleur blanche était alors considérée comme une anomalie ! Il fait aujourd'hui fureur dans la publicité, avec son nouveau look et sa tête taillée au carré !

Le silky-terrier ▶

Fils d'Aussie et de Yorkie, il allie la robustesse de l'un et l'élégance de l'autre. Le « terrier de soie », surnommé ainsi à cause de son poil très doux, a déjà fait la conquête de l'Australie et des États-Unis, avant d'arriver en France. De la concurrence en perspective pour le yorkshire-terrier !

L'australian terrier ▼

« Aussie » possède les chaudes couleurs du yorkshire et le poil dur du cairn. Surnommé « la terreur » dans son pays, l'Australie, il n'hésite pas à s'attaquer aux serpents venimeux. Un coup de brosse suffit à conserver son air fripon.

Le cairn-terrier ▼

L'ancêtre de tous les terriers écossais garde une éternelle jeunesse. Sous leurs sourcils broussailleux, des yeux vifs et futés t'observent. Rusés comme des Sioux, les cairns sont irrésistibles !

Les drô
de chiens

les

Tu veux connaître les records canins : le plus petit, le plus rapide, le plus gros... Mais il existe aussi des chiens étranges, qui semblent, parfois, tout droit surgis d'une bande dessinée. Découvre-les dans cette galerie insolite de portraits.

262 Copain des chiens

Le chihuahua

Le plus petit chien du monde. Haut comme trois pommes, futé comme un singe et courageux comme un lion, ce lilliputien ne passe jamais inaperçu !

Poids plume sans complexe

Tu peux le mettre dans ta poche : il pèse moins de 1 kg ! Mais si tu veux l'emmener partout incognito, apprends-lui à se taire quand il faut. Pas toujours facile pour le chihuahua, qu'on appelle aussi « chien-Klaxon », car il ne se laisse pas marcher sur les pattes sans rien dire. Il est petit, mais très courageux : s'il te sent en danger, il sera prêt à tout pour te défendre et impressionner plus grand que lui… et ils le sont tous !

Un chien solide

Le chihuahua ne coûte pas cher à nourrir : 50 g de viande par jour lui suffisent. Rarement malade, il vit aussi plus de 15 ans. Évite surtout de trop le chouchouter ou de le traiter comme un bibelot fragile : robuste, alerte et plein d'entrain, il a besoin comme tous ses congénères de se défouler dans un jardin.

Sacré… et sacrifié

Chihuahua, c'est d'abord le nom d'un État mexicain et, à l'intérieur de cet État, d'une petite ville qui fut le véritable berceau de cette race de chiens. Longtemps adoré par les Aztèques, le chihuahua dont le maître venait à mourir était immolé et enterré auprès de lui…

Même si le chihuahua pèse parfois moins de 900 g, ne le choisis pas trop « mini ». Entre 1,300 kg et 1,800 kg, c'est bien.

Un chien comme les autres

Chaque naissance est une vraie pochette-surprise. Tu peux y trouver des chiots noirs, blancs, fauves, chocolat, gris-bleu, bicolores, panachés ou charbonnés... Ils ne sont alors pas plus gros qu'un œuf, et pèsent entre 60 et 80 g ! Comme pour d'autres races, tu as le choix entre poil long ou poil ras.

L'irish wolfhound

Le plus grand de tous. Place-toi à côté de lui : sa tête touche la tienne. Quand il pose les pattes sur les épaules de ton père, il devient plus grand que lui ! Pas étonnant que ce colosse ait tant fait parler de lui dans l'histoire.

Cette petite fille ne pèse pas grand-chose pour lui.

Un géant de légende

Les Anciens le connaissaient déjà : ils l'exhibaient dans les rues de Rome comme un animal de foire. Quelques siècles plus tard en Irlande, un roi offrit 4 000 vaches contre un seul irish wolfhound ! Et pour l'obtenir, il n'hésita pas à livrer bataille à son voisin. Marco Polo lui-même raconte qu'il a rencontré au cours de ses voyages des chiens hauts comme des ânes.

Record de croissance

Rares sont les wolfhounds qui dépassent les 98 cm au garrot. Mais on cite une exception : un record de 106 cm… Le garrot, c'est le sommet de l'omoplate : c'est ainsi qu'on toise les chiens. Mais la hauteur totale, mesurée sur le dessus de la tête, arrive à 1,20 m ! Grandir, pour lui, est une performance : en 18 mois, il doit fabriquer autant d'os et de muscles qu'un humain en 20 ans ! Mais il n'atteindra sa taille adulte qu'à l'âge de deux ans et demi.

Symbole de l'Irlande

Jadis, les armes des souverains irlandais portaient en effigie un wolfhound, avec cette devise : « *Doux quand on me caresse, terrible quand on me provoque.* » Et s'il chasse encore le loup et le coyote aux États-Unis, l'irish wolfhound se conduit toujours en parfait gentleman. Comme tous les lévriers, il apprécie même une certaine indépendance…

Calme et discret, il faut toutefois lui assurer plusieurs kilomètres de balades par jour. Alors un conseil : prends ton vélo pour l'accompagner !

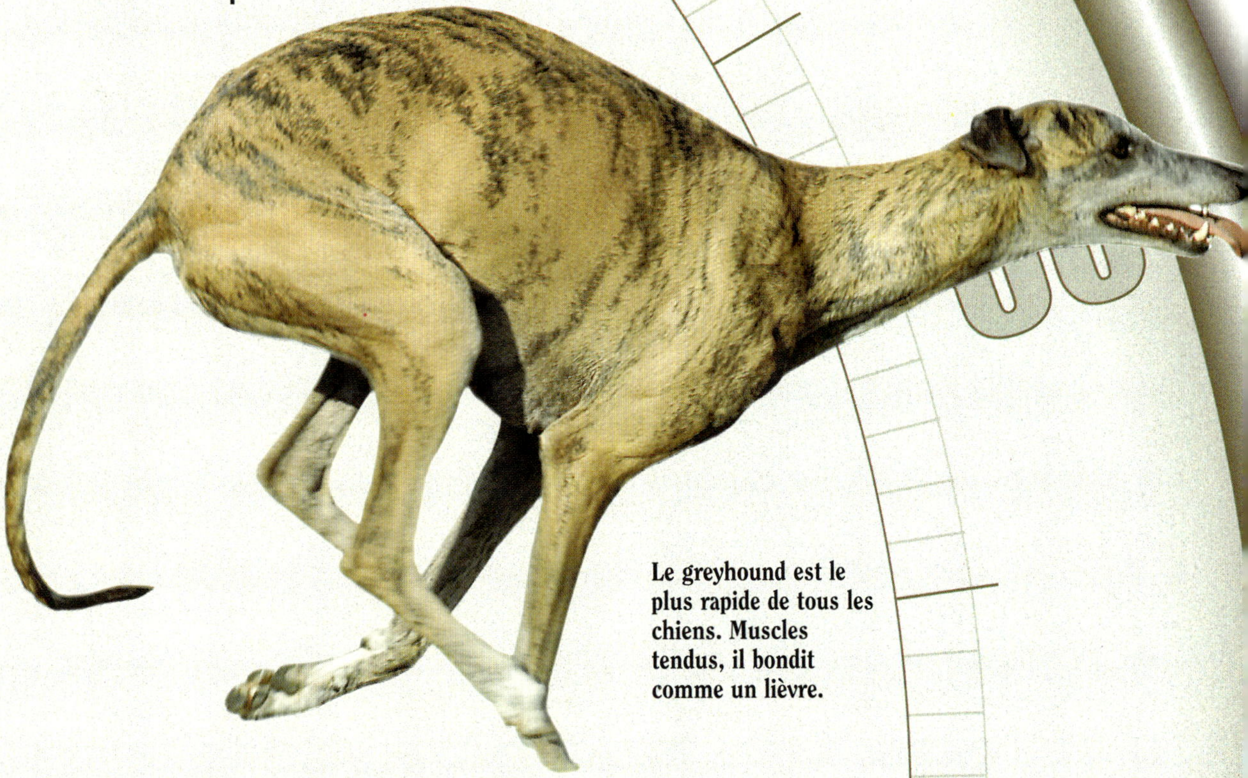

Le greyhound est le plus rapide de tous les chiens. Muscles tendus, il bondit comme un lièvre.

Le greyhound

Rapide comme l'éclair. Un vrai champion, ce chien-là ! C'est l'animal domestique le plus rapide sur terre : jusqu'à 80 km/h en vitesse de pointe !

Plus rapide qu'un cheval

Avec sa silhouette pure et élancée, ses muscles saillant à fleur de peau, le greyhound est au lévrier ce que le pur-sang est au cheval... Et quelle souplesse ! Regarde-le courir : ses pattes postérieures ramassées viennent dépasser celles de devant, puis il se détend d'un bond prodigieux et semble voler au-dessus du sol. Mais le greyhound est un sprinter, il ne peut maintenir cette vitesse longtemps, même avec son cœur, une fois et demie plus gros que celui d'un berger allemand !

La vitesse dans le sang

Le greyhound n'a pas besoin d'avoir un « lièvre » devant lui pour piquer un sprint. Il est né pour courir, pas forcément pour concourir. Si le « racing » ne te passionne guère, rien ne t'empêche d'avoir un lévrier anglais pour le plaisir de le regarder s'ébattre librement ou, mieux encore, pour courir avec lui. Quel régal ! Mais si tu préfères regarder la télévision, évite de choisir ce chien-là pour copain : il serait malheureux, et ce serait vraiment dommage...

Quelle détente !

Champions

Dans ce domaine, Mick the Miller est le champion légendaire des cynodromes, avec 19 victoires consécutives. Il y a aussi Pigalle Wonder, détenteur du meilleur score jamais réalisé à White City (le cynodrome de la plus grande course britannique) : 28 secondes 44 centièmes sur 480 m, départ arrêté. Soit près de 61 km/h !

Un regard d'étincelles pour un tempérament de feu !

Le dalmatien

Un chien couleur léopard. Les petits Anglais l'appellent *plum-pudding :* ses taches d'encre de Chine évoquent en effet les raisins de leur gâteau national. Pour toi, il est surtout un personnage de dessin animé sans cesse menacé de finir en manteau. C'est du cinéma, heureusement ! Car le dalmatien a connu une vie heureuse.

Vif, toujours prêt à bondir, il est la délicatesse même avec les enfants et se prête volontiers à leurs jeux.

Fouette, cocher !

« Chien de coche » en France et en Angleterre, le dalmatien accompagnait les diligences. Les chevaux étaient ses meilleurs amis : avec quelle adresse il circulait entre leurs sabots, trottant à la même cadence qu'eux sans jamais les gêner ! Mais il avait aussi un rôle important à jouer : il protégeait les voyageurs des bandits de grands chemins et surveillait les bagages pendant les arrêts aux relais de poste. Distingué et élégant, le dalmatien devint vite la coqueluche des dames du Second Empire. Le comble du chic était alors d'assortir la robe des chevaux avec celle des chiens !

Quel patience pour nourrir tant de petits !

Soldat du feu

À l'époque des voitures hippomobiles, le dalmatien fut aussi le compagnon des pompiers. En souvenir, les « hommes du feu » américains le gardent comme mascotte.

Famille nombreuse

Walt Disney ne s'était pas trompé : les dalmatiennes sont de vraies mères poules. Elles mettent au monde 6 à 8 petits, parfois plus, par portée ! Au Japon, une chienne de 7 ans a donné naissance à son 110e bébé, sans doute le record du monde ! Mais contrairement à ce que l'on voit dans le fameux dessin animé, les chiots naissent tout blancs. Une légère pigmentation n'apparaît que 2 semaines plus tard et, pour le dessin définitif, il faut patienter 1 an !

Des taches précises

Noires ou brunes, les taches du dalmatien doivent être rondes et sans bavures, bien séparées les unes des autres, et plus petites sur les extémités (tête, queue, oreilles) que sur le corps.

Des chiens tout nus

Qu'ils sont bizarres, ces deux-là ! De vrais extra-terrestres, avec leurs grandes oreilles comme des chauves-souris... Le mexicain ne possède que quelques poils hirsutes sur le crâne ; le chinois est coiffé à la « punk », et porte des chaussettes blanches et un plumet à la queue.

Le chien chinois à crête est un compagnon très affectueux, vif et joueur. Plus rose en été, sa robe se pigmente de taches foncées en hiver.

Chien-bouillotte

Tu n'as pas très envie de caresser leur peau d'éléphant ? Essaie quand même ; elle est aussi lisse que celle d'un bébé. En plus, elle est toujours très chaude. Aussi, au Mexique, le xoloizcuintle sert-il de chien-guérisseur : les malades le serrent contre eux pour soigner les rhumatismes, la malaria et l'asthme.

Le chien mexicain transpire comme toi, par les pores de la peau. C'est sans doute le seul chien au monde qui n'a pas besoin de haleter quand il fait trop chaud.

Ni poils, ni puces !

Tu t'en doutais ? Les chiens nus craignent les coups de soleil. Mais plus étonnant encore, les chiens nus ne sont pas frileux. Inutile de leur enfiler un manteau : d'ailleurs la laine les gratte et les irrite. Enfin, tu peux être tranquille : aucun parasite n'élira domicile sur le dos d'un chien nu : impossible d'y être à l'abri ! Et si tu es allergique aux poils, c'est vraiment le chien qu'il te faut !

Nus... et appétissants !

En Chine, en Indochine, aux Philippines, au Mexique et en Amérique du Sud, les chiens nus étaient particulièrement appréciés des gastronomes... Et ce n'est pas fini : on en consomme encore dans certains pays. Bien sûr, cela nous semble une horreur ! Mais après tout en France, on mange bien des lapins...

Le shar-pei

Bouh, qu'il est laid ! Une tête d'hippopotame aux yeux bridés dans un corps de rhinocéros chiffonné... Et pourtant, c'est la nouvelle coqueluche des stars !

À première vue, deux petits pachydermes.

Des rides... ... de jeunesse

Soulève doucement un shar-pei par la peau du dos : ses pattes ne décollent pas du sol. Son « pyjama » de peau est bien trop grand pour lui ! Regarde, il retombe en une cascade de plis, qui font ressembler ce chien à un accordéon ! En vieillissant, le shar-pei « rajeunit » : il perd peu à peu les rides profondes qui entaillent son corps et sa tête.

Qui s'y frotte s'y pique

Avant que Mao Tsé-Toung ne signe l'arrêt de mort des chiens dans son pays, le shar-pei était en Chine sélectionné pour des combats. Ses plis forment une protection efficace contre les morsures et son poil raide est aussi dur qu'une brosse. Amateurs de caresses, s'abstenir !

Un chien bien dans ses plis

Snob, lui ? Non, pas du tout malgré son air hautain. C'est un chinois vénérable et sage, toujours d'humeur égale. Calme, sûr de lui et jamais agressif, il ne connaît ni le stress ni la peur. Mais ne crois pas qu'il soit « mou » : il peut aussi être un vrai gardien, impressionnant et dissuasif. Bien sûr avec un tel caractère, c'est un grand ami des enfants. En somme, le shar-pei a tout pour plaire, à condition d'avoir le coup de foudre... Et aussi les moyens !

C'est dans son enfance que le shar-pei est le plus plissé.

Des rides qui se paient très cher

Plus le chiot est fripé, plus il est apprécié et plus il se vend cher ! Question de mode ? Peut-être, mais le shar-pei est une espèce encore rare qui se reproduit en petit nombre.

Le komondor

Une vraie toison de chanteur de reggae ! On dirait Noah ! Le champion de tennis appréciera sans doute la comparaison : en Hongrie, le komondor est surnommé *kiraly*, c'est-à-dire « le roi ».

Un bouclier naturel

Avec les centaines de cordelettes qui le recouvrent entièrement, tu as parfois bien du mal à distinguer sa tête de sa queue. Il faut attendre qu'il galope, ou plutôt qu'il ondule au rythme de sa course. Tu ne sais pas trop non plus ce qu'il pense, sous le rideau de tresses qui cachent ses yeux.

Le komondor est utilisé par les policiers hongrois dans les régions enneigées. Mais également aux États-Unis, pour protéger les troupeaux contre les coyotes !

Indéfrisable !

Tu ne sais pas faire des nattes ? Inutile ! Son poil n'est pas tressé mais naturellement cordé. Il ne faut jamais non plus le brosser au risque de défaire les mèches. Sépare simplement de temps en temps les cordelettes feutrées pour éviter les nœuds. Son pelage est autonettoyant, mais il dégage tout de même parfois de fortes odeurs de chien mouillé. Alors mieux vaut prévoir de lui donner un bain une fois par mois, quand il couche à la maison.

Un chef intraitable

Autant que tu le saches avant d'en tomber amoureux : le chef, c'est lui ! Le komondor (qui signifie « commandeur ») est un chien à tempérament très dominant : autrefois, il protégeait les troupeaux et les hommes contre les attaques nocturnes des loups, des ours ou des brigands. Aujourd'hui chien de compagnie, il a encore besoin d'être responsabilisé : garder la propriété, surveiller les enfants… Bien sûr, mieux vaut disposer d'un grand jardin : il est fait pour vivre en plein air, et avec sa pelisse feutrée il peut sans crainte coucher dehors !

Chiens à poils cordés

Deux autres races de chiens présentent une toison « rasta » aussi abondante que celle du komondor : le caniche cordé et le puli.

Le grand caniche cordé ▶

Il existe aussi un « rasta » chez les caniches : le grand caniche cordé. Dommage, il est de plus en plus rare... Son poil abondant, de texture fine, laineux et serré, forme des cordelettes bien caractéristiques de longueur égale. Elles doivent avoir au moins 20 cm.

Le puli ▶

Le « commandeur » a aussi un petit frère, le puli, surnommé quant à lui « le conducteur ». Moitié plus petit et quatre fois moins gros, le puli est tout aussi poilu mais un peu plus sociable. Les bergers hongrois l'utilisent pour diriger les moutons pendant la journée. Le puli (prononce « pouli ») est un chien vif, gai, joueur, très attaché à la famille... mais un peu trop aboyeur !

Le bedlington-terrier

Robe blanche et ouatée comme du coton, tête en forme de poire... En apparence, il a tout de l'agneau que tu peux voir gambader au début du printemps. Mais le bedlington cache bien son jeu : c'est un loup dans la bergerie !

Le bedlington-terrier, un « mouton » qui a du chien.

Chasseur et coureur

Avec son dos rond et ses pattes fines, il semble un peu fragile mais regarde-le courir : léger et élastique, il fait des bonds prodigieux. Quel tonus ! Pas étonnant : il a du sang de lévrier… C'est un bon chasseur de rongeurs. Appelé « chien de bohémiens », il était au siècle dernier le compagnon des mineurs anglais qui l'employaient pour traquer les rats dans les galeries. Le dimanche, il devenait le « cheval de course » des pauvres. On pariait sur lui. Outre sa rapidité, les braconniers appréciaient sa discrétion car, à l'inverse des autres terriers, le bedlington reste silencieux quand il poursuit le lièvre.

Doux comme un agneau

Bien toiletté, le bedlington est une vraie peluche aux reflets bleus ou roses. Quelle douceur et quelle gentillesse dans ses yeux ! À la maison il sait se faire tout petit et s'adapte à toutes les situations. Mais si tu veux lui faire plaisir, laisse-lui déterrer la taupe qui laboure le jardin. Ou offre-lui des courses folles dans la nature. En revanche, ne lui permets jamais de se joindre à un troupeau de moutons : tu risquerais de le perdre !

Les Français le boudent

Favori de la haute société britannique, le bedlington-terrier reste, en France, un marginal : il n'en existe que 300 sujets environ. Son prix reste pourtant relativement abordable.

Le mastiff

Un superman, le dogue anglais ! Pourtant, cela n'a pas toujours été pour lui une bonne aubaine : peser plus de 100 kg n'était pas l'idéal à l'époque où l'homme l'utilisait comme combattant.

Il a des concurrents

Dans la catégorie « poids lourds », il n'est pas le seul à se faire remarquer. On a déjà vu un mâtin de Naples de 110 kg et plusieurs saint-bernard de plus de 130 kg. Les dogues allemands peuvent aussi allègrement dépasser le quintal. Pourtant la palme d'or revient à la race mastiff : Zorba, 160 kg, inscrit dans le *Livre des records* ! À ce stade, il s'agit de vrais phénomènes de foire. Dois-tu les admirer ou plutôt les plaindre ? Un tel poids n'est pas toujours facile à porter : c'est pourquoi un mastiff ne vit guère plus de 10 ans.

Bulldozer ou roi fainéant ?

Massif et puissant, le molosse a combattu pendant des siècles des animaux encore plus impressionnants que lui : taureaux, ours, lions et même des éléphants ! Tout cela pour le plaisir des hommes, qui l'utilisaient aussi pour la guerre : Richard Cœur de Lion ne se séparait jamais de ses mastiffs. Charles Quint lança 300 de ces mastodontes contre l'armée de François Ier ! Aujourd'hui, le mastiff se sert surtout de sa carrure pour dissuader. Il en impose, sans avoir besoin de gronder... Il paraît d'ailleurs bien pacifique et même un peu paresseux.

Gardien incorruptible

Chien méchant, lui ? Son énorme tête carrée lui donne un air plutôt sympathique. Mais avec les inconnus, il reste toujours méfiant. C'est le gardien incorruptible, à ne pas provoquer car tu risquerais de réveiller en lui de mauvais souvenirs.

Le mastiff, poids lourd des chiens.

Le lundehund

À première vue, rien de très original, sinon qu'il ressemble à un renard. Pourtant c'est un « cas » dans la grande famille des chiens : il a deux doigts de plus à chaque patte et il est capable de mille contorsions. Regarde-le vivre : il n'a pas fini de t'étonner !

Le lundehund est un petit bout de chien (6 à 7 kg), mais il a besoin de beaucoup d'exercice. Avec son poil très dense, il craint aussi la chaleur.

6 doigts à chaque patte !

Un as de l'escalade

Son métier, autrefois, était de ramener vivants une centaine de macareux par jour aux pêcheurs norvégiens des îles Lofoten. Il devait alors escalader les falaises abruptes, pour dénicher les oiseaux dans les trous inaccessibles à l'homme. Pas facile, bien sûr ! Mais le lundehund a un secret, et même plusieurs. Compte ses doigts : il en possède 6 à chaque patte, tous bien formés et musclés. Les autres chiens n'en ont que 4, plus un ergot situé plus haut et qui ne sert à rien.

Un régime particulier

Autrefois, la chair et les œufs du macareux permettaient aux pêcheurs norvégiens de varier leur menu. Et le duvet était utilisé pour confectionner des couettes très appréciées à l'étranger. Même s'il n'a plus l'occasion de chasser le macareux, espèce aujourd'hui protégée, le lundehund demeure un sacré copain, débordant de joie de vivre, et qui n'en fait parfois qu'à sa tête ! Mais attention : nourri depuis toujours de poissons et d'oiseaux de mer, il ne digère pas une alimentation trop grasse. Elle peut provoquer chez lui des diarrhées très graves et le chien risque de succomber au « *lundehund syndrome* », une maladie encore méconnue.

Renversant !

Sa tête, il peut la tourner dans tous les sens et même la renverser complètement vers l'arrière jusqu'à toucher son dos avec son museau pointu. Incroyable ! Ses épaules « pivotantes » lui permettent aussi de faire le grand écart pour rétablir son équilibre. Quelle souplesse !

Une mobilité extraordinaire !

Un vrai contorsionniste.

Un rescapé

En 1960, il n'en restait plus qu'une dizaine à travers le monde et en 1989 on en comptait environ 500, dont une vingtaine en France. Mais la race reste peu prolifique avec 3 chiots seulement par portée. Cela explique son prix élevé.

Et les oreilles alors !

Mieux encore ! Quand il se faufile dans les terriers sablonneux, ou si, par hasard, il tombe à l'eau, le lundehund n'aime pas en avoir plein les oreilles. Aussi prend-il la précaution de les rabattre pour les boucher hermétiquement. Quel phénomène !

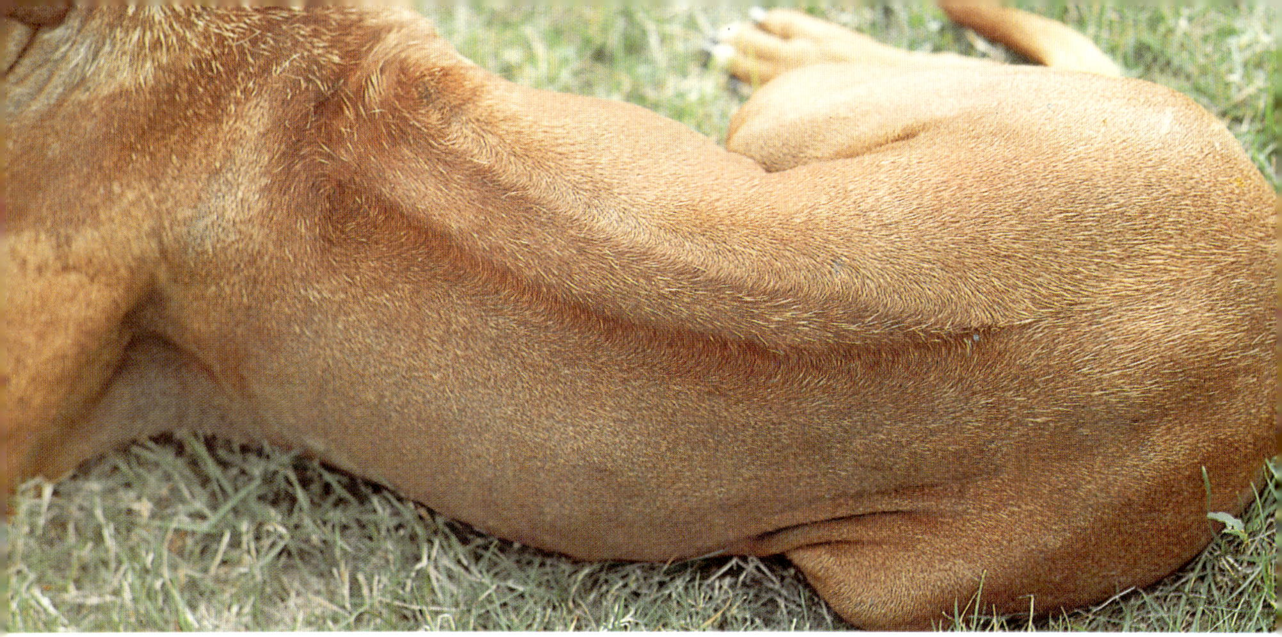

Du jamais vu dans le monde canin : as-tu remarqué l'étrange flèche à rebrousse-poil le long de son dos ?

Le rhodesian ridgeback

Un vrai mystère, cette épine dorsale ! Aussi l'a-t-on appelé *ridgeback*, qui signifie « dos hérissé ». La légende africaine raconte que ce chien est issu du lion.

Chien de safari

Le rhodesian ridgeback est un chasseur redoutable. À l'époque des grands safaris sud-africains, les colons utilisèrent son courage et sa résistance pour affronter le lion. Les chiens attaquaient en meute par surprise, affolaient le « roi des animaux » et le rabattaient vers les chasseurs. Aujourd'hui, ce chien de brousse se contente de garder les mines de diamants ou les fermes des planteurs. Les polices canadienne et américaine en ont aussi recruté quelques-uns.

Le rhodesian ridgeback est costaud, pourtant ce n'est pas un gros mangeur. Aussi sobre que le chameau !

Hérissé, mais pas en colère

Ne t'imagine pas que le rhodesian ridgeback est un animal féroce. Au contraire, il aime la compagnie et porte un attachement sans bornes à ses maîtres, petits et grands. Placide et peu aboyeur, il vit à l'heure africaine et passe de longs moments à faire la sieste à l'ombre. Mais dès que tu lui proposes une balade en forêt, il bondit de plaisir. Ce chien-là est infatigable et il s'adapte à tous les climats.

Le chow-chow

Chien ou ours, une énigme ! Certains affirment qu'il serait le descendant direct du plus vieux chien du monde, d'autres disent que ce ne serait même pas un chien... Quoi qu'il en soit, si tu veux être son copain, ne le prends pas pour un nounours en peluche !

Un marginal

Cela peut sembler incroyable, mais il y a plus de différence entre un chow (prononce « t'cho ») et un chien, qu'entre un berger allemand et un loup ! Regarde sa langue : on dirait qu'il a mangé des mûres. Elle est bleue, presque noire, comme celle de l'ours sibérien. Et ses jarrets parfaitement droits, alors qu'ils sont coudés chez la plupart des chiens, lui font une démarche un peu guindée. Il y a aussi ce *scowl* unique en son genre : ce froncement des sourcils qui lui donne un air renfrogné, comme s'il était plongé dans de profondes réflexions...

Pour reprendre des boutades bien connues : « Si tu veux un chien, ne prends pas un chow-chow. » Mais « un chow un jour, un chow toujours ! »

Un ours mal léché

En plus, il a le pelage implanté d'une telle manière qu'il faut le caresser à rebrousse-poil, de la queue vers la tête. Mais de toutes façons, tu n'auras pas souvent l'occasion de le câliner : avec lui pas de familiarités ! Très indépendant, plutôt distant même, il obéit quand bon lui semble... Et pourtant, ne crois pas qu'il soit sans cœur : absente-toi pendant quelques jours et tu retrouveras sa gamelle intacte, car il n'aura pas avalé une bouchée... Il cache bien ses sentiments, ce drôle de chien ! Il n'aboie pas mais ses grondements sont plutôt dissuasifs pour les intrus.

Catalo

des chiens

gue

Tu as aperçu un chien qui te plaît et tu aimerais savoir quelle est sa race ? Consulte ce catalogue. Tous les chiens n'y sont pas, mais près de 130 races sont représentées et classées d'après les 10 groupes déterminés par les spécialistes.

1er groupe : chiens de berger et de bouvier (sauf chiens de bouvier suisses)

Bearded collie

Berger de Beauce (Beauceron)

Berger allemand

Berger picard

Berger de Maremme

Berger hollandais

Berger catalan

Berger de Brie (Briard)

Berger des Pyrénées

Charplaninatz

Bouvier des Flandres

Border collie

Berger des Shetland
(Shetland collie)

Bobtail

Colley

Malinois

Puli

Komondor

Grœnendael

Laekenois

Schipperke

Tervueren

2^e^ groupe : chiens de type pinscher et schnauzer, molossoïdes et chiens de bouvier suisses

Bouvier bernois

Bouledogue anglais (Bulldog)

Dobermann

Dogue allemand

Dogue argentin

Dogue du Tibet

Dogue de Bordeaux

Boxer

Leonberg

Mastiff

Mâtin de Naples

Pinscher

Montagne des Pyrénées

Terre-neuve

Rottweiler

Schnauzer

Saint-bernard

Shar-pei

3e groupe : terriers

Airedale

Bedlington-terrier

Cairn-terrier

Silky-terrier

Jack Russel terrier

Fox-terrier

Border-terrier

Dandie Dinmont terrier

Terrier australien (Australian terrier)

Norwich-terrier

West-highland-white-terrier

Terrier écossais (Scottish terrier)

Terrier gallois (Welsh terrier)

Yorkshire-terrier

4e groupe : teckels

Teckels

5e groupe : chiens de type spitz et de type primitif

Spitz

Alaskan malamute

Siberian husky

Chow-chow

Samoyède

Chien d'ours de Carélie

Chien du Groenland

Lundehund

Chien du pharaon

Cirneco de l'Etna

Podenco ibicenco

6e groupe : chiens courants et chiens de recherche au sang

Basset bleu de Gascogne

Basset-hound

Anglo-français de petite vénerie

Basset artésien normand

Beagle, harrier, ou beagle harrier

Billy

Chien courant du Jura

Grand anglo-français

Chien de Saint-Hubert

Petit basset griffon vendéen

Chien de rouge de Bavière

7e groupe : chiens d'arrêt

Braque allemand

Braque français

Braque d'Auvergne

Braque du Bourbonnais

Braque de Saint-Germain

Setter Gordon

Braque de Weimar

Korthals

Drahthaar

Épagneul français

Pointer

Épagneul
de Pont-Audemer

Épagneul breton

Setter anglais

Setter irlandais

8e groupe : chiens leveurs de gibier, rapporteurs et chiens d'eau

English springer spaniel

Cocker spaniel

Cocker américain

Field spaniel

Sussex spaniel

Labrador retriever

Rhodesian ridgeback

Flat-coated retriever

Golden retriever

9e groupe : chiens d'agrément ou de compagnie

Caniche

Boston terrier

Bichon

Bouledogue français

Chihuahua

Lhassa-apso

Terrier tibétain

Shih-tzu

Cavalier king-charles spaniel

King-charles spaniel

Dalmatien

Xoloizcuintle

Chien chinois à crête

Épagneul pékinois

Épagneul nain continental (phalène)

Épagneul nain continental (papillon)

Épagneul japonais

10e groupe : lévriers et races apparentées

Barzoï

Greyhound

Saluki

Galgo

Whippet

Lévrier afghan

Magyar agar

Lévrier de l'Azawakh

Irish wolfhound

Sloughi

Adresses utiles

• **Assistance aux animaux**
23, avenue de la République
75011 PARIS
Tél. : 01 43 55 76 57

• **Association des centres de formation professionnelle méditerranéenne (ACPM)**
Chemin Franca
Les Côtes du Plan
83190 OLLIOULES
Prépare au brevet de toiletteur canin.

• **Association française d'information et de recherche sur l'animal de compagnie (AFIRAC)**
32, rue de Trévise
75009 PARIS

• **Association nationale pour l'éducation des chiens d'assistance pour handicapés (ANECAH)**
Siège social :
250, avenue du Général-Leclerc
61000 ALENÇON
Association loi 1901 qui a pour vocation l'éducation des chiens d'assistance, l'adaptation du chien à la personne handicapée, et la formation des éducateurs.

• **Centre de formation d'apprentis (CFA)**
École Romain-Rolland
21, boulevard Guérin
13600 LA CIOTAT
Prépare au brevet de toiletteur canin.

• **Centre de formation d'apprentis de l'artisanat**
21, rue Joseph-Cugnot
68200 MULHOUSE
Prépare au brevet de toiletteur canin.

• **Centre de formation d'Arras (CFA)**
7, rue Eiffel
Jardin Minelle
BP 563
62008 ARRAS
Prépare au brevet de toiletteur canin.

• **Centre de formation des maîtres-chiens de la Gendarmerie nationale (CFMCGN)**
Ségala
46500 GRAMAT

• **Centre de formation de la Sécurité civile (maîtres-chiens de recherche en décombres)**
Château de Valabre
13120 GARDANNE

• **Centre de formation vétérinaire**
1, allée du Rouergue
31770 COLOMIERS
Formation adulte d'auxiliaire vétérinaire.

• **Centre d'information et de documentation jeunesse (CIDJ)**
101, quai Branly
75740 PARIS Cedex 15
Donne des fiches très complètes sur les différents métiers.

• **Centre national de formation d'aide-soignant vétérinaire**
5, boulevard de la République
13100 AIX-EN-PROVENCE
et 13-15, rue Chevreuil
94704 MAISONS-ALFORT
Ces 2 établissements préparent au BEP d'auxiliaire vétérinaire (niveau V).

• **Centre national de formation des unités cynophiles de la police (CNFUC)**
Cannes-Écluse
77875 MONTEREAU Cedex

• **Cité de la formation professionnelle**
Allée des Tabacs
47200 MARMANDE
Prépare au brevet de toiletteur canin.

• **Club français du chien de Terre-Neuve (CFCTN)**
13, rue de la Ferronnerie
75001 PARIS

• **Confédération de la société protectrice des animaux de Lyon**
25, quai Jean-Moulin
69002 LYON
Cet organisme t'envoie, contre la somme de 10 F, une liste de plages et campings autorisés aux chiens.

• **École nationale du chien**
Avenue de la Gare
63390 SAINT-GERVAIS-D'AUVERGNE
Prépare au brevet de toiletteur canin et au CAP d'éleveur.

• **École nationale vétérinaire de Maisons-Alfort**
7, avenue du Général-de-Gaulle
94704 MAISONS-ALFORT Cedex
Le service de la scolarité informe sur le concours commun aux 4 écoles.

• **Fédération nationale des maîtres-chiens sauveteurs nautiques**
27, rue de Gumbrechtshoffen
67100 OBERBRONN

• **Fédération française de pulka et de traîneaux de chiens**
Monsieur Mannato
5, rue du Pavé
78490 LE TREMBLAY-SUR-MAULDRE

• **Fédération française de sports de traîneaux, de ski pulka, et de cross canin (FFST)**
Siège social :
Rue des Maraines - Veraz
01170 GEX

• **Fédération nationale des associations et des écoles de chiens-guides d'aveugle**
71, rue de Bagnolet
75020 PARIS

• **Groupe cynophile de l'armée de terre (GCAT)**
Ferme du Piémont
51601 SUIPPES Cedex

• **Institut de l'élevage**
149, rue de Bercy
75595 PARIS Cedex 12

• **Maison familiale et rurale**
50, rue des Fusillés
61400 MORTAGNE-AU-PERCHE
Prépare au brevet de toiletteur canin et au CAP d'éleveur.

• **SIRPA de l'air**
26, boulevard Victor
00460 ARMÉES

• **Société centrale canine (SCC)**
155, avenue Jean-Jaurès
93535 AUBERVILLIERS Cedex
Tél. : 01 49 37 54 00
Fichier central (tatouage chiens perdus ou trouvés), tél. : 01 49 37 54 54.
Banque d'information (adresses d'éleveurs, portées de chiots disponibles), tél. : 01 49 37 54 90

• **Société pour la protection des animaux (SPA)**
39, boulevard Berthier
75017 PARIS
Tél. : 01 43 80 40 66

• **Syndicat national des professionnels du chien et du chat**
Rue du Castel
63390 SAINT-GERVAIS-D'AUVERGNE

• **Union nationale pour l'utilisation des chiens de rouge (UNUCR)**
1, rue Rohan
67230 BENFELD

• **Université communale de Levallois-Perret (UCPL)**
29, rue de Lorraine
92300 LEVALLOIS-PERRET
Prépare au brevet de toiletteur canin.

Index

A

Abandon 12, 16
Achat 12 à 18
Adoption 17
Âge 19, 69
Agility 138, 156, 204
Aide-soignante 130
Airedale-terrier 157, 221, 285
Alaskan malamute 225, 227, 287
Alimentation 60
Ambulancier animalier 135
Anglo-français de petite vénerie 148, 288
Angoisse 36, 38, 92
Aoûtats 75
Astrologue 135
Attelage 150, 152, 223, 224
Autobus 93
Avalanche 124, 126, 179, 240
Aveugle 92, 122, 176, 196, 213, 229
Avion 92

B

Barzoï 160, 162, 294
Basset artésien normand 167, 288
Basset bleu de Gascogne 167, 288
Basset-hound 164, 166, 288
Bateau 93, 101
Beagle 148, 288
Bearded collie 204, 280
Bedlington-terrier 272, 285
Bergers 64, 114, 116, 174, 192, 202, 204, 271
Berger
- allemand 106, 111, 123, 157, 163, 166, 168, 170, 203, 230, 240, 264, 277, 280
- catalan 175, 280
- de Beauce 111, 117, 157, 192, 280
- de Brie (voir briard)
- de Maremme 25, 280
- des Pyrénées 111, 117, 157, 172, 174, 281
- des Shetland (Shetland collie) 204, 281
- hollandais 157, 280
- picard 157, 192, 280

Bichon frisé 176, 178, 293
Bichon maltais 176, 178
Billy 148, 289
Bobtail 204, 281
Border collie 117, 155, 204, 281
Border-terrier 221, 285
Boston terrier 183, 293
Bouledogue français 183, 293
Bouvier bernois 157, 243, 283
Bouvier des Flandres 157, 192, 281
Boxer 14, 111, 157, 180, 182, 283
Braque 146, 186
- allemand 106, 189, 290
- d'Auvergne 189, 290
- de Saint-Germain 188, 290
- de Weimar 184, 186, 290
- du Bourbonnais 188, 290
- français 187, 290

Briard 111, 117, 131, 157, 190, 192, 280
Bruno du Jura 56, 148, 251, 289
Bulldog (bouledogue anglais) 180, 183, 283

C

Cairn-terrier 257, 258, 285
Camping 71, 87
Caniche 12, 15, 60, 69, 156, 179, 194, 196, 271, 293
Caniveau 37
Cavage 105
Cavalier king-charles spaniel 201, 293
Chaleurs 14, 78, 81,168, 226
Charplaninatz 242, 281
Chasse 107, 113, 144, 146, 148, 156, 162, 166, 194, 196, 198, 200, 215, 226, 228, 234, 244, 251, 252, 263
Chasseur 56, 106, 146, 148, 160, 165, 167, 185, 196, 198, 206, 214, 216, 219, 226, 228, 230, 234, 236, 244, 246, 248, 251, 254, 257, 272, 274
Chien
- au service de l'homme 98 à 127
- courants 146, 148, 154, 167, 186, 288
- d'arrêt 133, 146, 148, 156, 186, 199, 230, 246, 290
- d'assistance 118, 120
- d'avalanche 124, 126
- d'eau 194, 292

Chien
- de berger 114, 116, 168, 170, 172, 175, 191, 192, 202, 204, 242, 280
- de catastrophe 108, 110
- de chasse 15, 106, 120, 146, 148, 156, 166, 184, 186, 189, 194, 200, 213, 217
- de cirque 194, 218
- de combat 212
- de compagnie 174, 194, 201, 204, 206, 214, 222, 228, 241, 257, 270, 293
- de garde 133, 156, 174, 180, 184, 186, 228
- de rouge 149, 289
- de sauvetage en mer 100, 102
- de traîneaux 150, 152, 156, 225
- détecteur d'explosifs 106, 174, 229
- détecteur de drogue 106, 196, 229
- géologue 105
- guide d'aveugle 92, 122, 196, 213, 229
- nu 268
- pisteur 112
- policier 112, 133, 168, 170, 175, 184, 192, 206, 213, 221, 270, 276
- ridé 183, 269
- truffier 104, 156, 176, 196
- chinois à crête 268, 294
- de Saint-Hubert 148, 289
- d'ours de Carélie 113, 287
- du Groenland 227, 287
- du pharaon 236, 288

Chihuahua 91, 170, 262, 293
Choisir un chien 12 à 29
Chow-chow 277, 287
Cirneco de l'Etna 236, 288
Clubs canins 16, 102, 113, 133, 138, 143, 144, 150, 155, 157, 198, 200, 223, 296
Cocker américain 201, 292
Cocker spaniel 15, 69, 146, 198, 200, 292
Colley 157, 202, 204, 281
Collier 41, 43, 73, 75, 77
Comportements 16, 20, 24 à 29, 36, 39, 43, 50 à 57, 78 à 82, 85, 112, 148, 182, 196
Concours 28, 105, 117, 130, 134, 143, 154, 156, 170, 187, 204, 246
Constipation 63
Courses 140, 142, 144, 150, 152, 156, 161, 162, 225, 234, 265
Cruft's Show 139, 155
Cynodrome 140, 142, 161, 265

D

Dalmatien 170, 266, 294
Dandie Dinmont terrier 257, 285
Dents 20, 33, 66, 68, 72, 74, 80, 155
Diarrhée 62, 70, 76, 274
Dobermann 111, 157, 206, 283
Dog-sitter 135
Dogue
- allemand 208, 210, 212, 273, 283
- argentin 213, 283
- de Bordeaux 212, 283
- du Tibet 174, 212, 242, 283

Douane 91, 106
Drahthaar 147, 291
Dresseur 43, 113, 133, 202
Drogue 106, 196, 229
Drôles de chiens 260 à 277

E

Éducateur 121, 123
Éducation, dressage 25, 28, 114, 123, 133, 139, 148, 168, 185, 186, 190, 194, 234, 239
Éleveur 15, 16, 18, 22, 117, 132, 134, 154, 171, 174, 182, 192, 197, 198, 201, 251
English springer spaniel 200, 292
Épagneul
- breton 214, 216, 291
- de Pont-Audemer 216, 291
- français 217, 291
- japonais 179, 201, 294
- nain continental 294
- pékinois 178, 201, 294

Épilation 219, 221
Épillet 76
Esquimaux 224, 226
Expositions canines 132, 139, 155

F

Facteur 52
Fédérations 102, 123, 127, 152
Field spaniel 200, 292
Flair 37, 55, 95, 105, 106, 108, 110, 125, 174, 185, 187, 196, 201, 214, 228, 230, 244
Flat-coated retriever 230, 292
Formation professionnelle 106, 110, 120, 130, 133, 296
Fox-terrier 15, 20, 67, 218, 220, 285

G

Galgo 236, 295
Gendarmerie 107, 127, 133
Golden retriever 120, 123, 231, 292
Grand anglo-français 148, 289
Greyhound 140, 148, 236, 264, 294
Grœnendael 171, 282

H

Handicapé 119, 120, 168, 229
Hôtel 86, 89, 60, 135
Husky 170, 217, 222, 224, 226, 287
Hygiène 68

I

Insectes 74, 168
Irish wolfhound 263, 295

J

Jack Russel terrier 285
Jeux 15, 39, 166, 218, 231, 266
Juge 134, 145, 154

K

King-charles spaniel 201, 293
Komondor 270, 282
Korthals 16, 147, 290

L

Labrador retriever 15, 53, 106, 120, 123, 146, 217, 228, 230, 292
Laekenois 171, 282
Laisse 41, 43, 44, 53, 65, 85, 89, 93, 138, 163, 165, 180
Langage 20, 54, 151
Leonberg 242, 283
Lévrier 15, 64, 140, 142, 144, 156, 160, 162, 232, 234, 236, 263, 264, 288, 294
- afghan 64, 142, 162, 295
- de l'Azawakh 232, 234, 295

Lhassa-apso 178, 293
Livre des origines français 16, 18, 103, 143, 185, 225
Loup 145, 161, 162, 168, 170, 174, 192, 222, 224, 226, 242, 263, 270, 277
Lundehund 274, 287

M

Magasins 16, 121
Magyar agar 295
Maître-chien 124, 133
Maladies 16, 18, 70, 75, 118, 134, 274
Malinois 52, 107, 170, 282
Mal du transport 85
Mastiff 273, 284
Mâtin de Naples 213, 273, 284
Médicaments 12, 72, 85, 141, 224
Mer 93, 100, 102, 274
Métiers 109, 111, 123, 128 à 135, 151, 174, 274
Métro 93, 123
Meute 28, 38, 57, 62, 148, 151, 166, 224, 226, 276
Montagne 88, 114, 127, 150, 174, 239, 242
Montagne des Pyrénées 14, 174, 284
Moutons 62, 65, 71, 114, 116, 171, 172, 174, 190, 192, 203, 205, 271, 272
Mue 67, 224
Muselière 72, 92, 140

N

Naissance 18, 80, 182
Neige 37, 77, 104, 124, 126, 222, 224, 226, 238, 240

O

Ongles 21, 68
Oreilles 18, 20, 66, 68, 73, 76, 97

P

Papillotes 177, 255
Parrainage 123
Pêcheur 103, 228, 230, 274
Pedigree 18
Pensions 12, 91, 94, 133, 135
Perdu 96, 112, 222
Personnes âgées 119, 135, 207
Petit basset griffon vendéen 167, 289
Peur 20, 23, 25, 28, 33, 35, 39, 42, 45, 54, 56, 65, 108, 126, 131, 157
Photographe 134
Pilule 81
Pinscher 206, 283, 284
Pisteur 112, 167, 171, 248
Plages 87, 89, 100, 102
Podenco ibicenco 236, 288

Poil 12, 15, 16, 20, 33, 60, 66, 69, 76
Pointer 147, 186, 188, 217, 230, 246, 291
Poison 76, 106
Poursuite à vue 144, 161
Prénoms 19
Préparatifs 32
Prison 119
Prix 70, 91, 92, 94, 111, 132, 139, 140, 142, 154, 272, 275
Promenade 38, 44, 64, 138, 172, 181
Propreté 34
Puces 75, 77, 268
Puli 157, 260, 271, 282
Pulka 150, 152
Punition 39, 50

Q - R

Queue 20, 26, 55, 56, 66
Races 12, 14, 16, 18, 78, 105, 113, 134, 139, 143, 145, 146, 152, 154, 156, 158 à 295
Rage 70, 87, 96
Rappel 40, 71, 75
Rapporteur 120, 230, 292
Récompenses 34, 45, 49, 50, 62, 97,
Records 263, 267
Refuges 16, 97
Réglementation 18, 103
Reproduction 78
Restaurant 87, 92
Rhodesian ridgeback 113, 276, 292
Ring 156, 182
Rottweiler 157, 284

S

Saint-bernard 238, 240, 284
Saluki 143, 162, 295
Samoyède 67, 226, 287
Santé 36, 58 à 81, 91, 94, 106, 118, 126
Sauvetage 100, 102, 108, 111, 284
Schipperke 65, 282
Schnauzer 67, 111, 157, 206, 251, 283, 284
Setter
- anglais 246, 291
- Gordon 247, 290
- irlandais 244, 246, 291
Sexe 14, 37, 78
Shar-pei 269, 284
Shih-tzu 178, 293
Silky-terrier 259, 285
Sloughi 236, 295
Société centrale canine 16, 18, 96, 103, 105, 113, 117, 133, 143, 144, 154
Soins 72 à 97
Solitude 38
Spitz 287
Sports 65, 77, 136 à 157
Sussex spaniel 200, 292

T

Taille 14, 64, 86, 92, 95
Tatouage 16, 18, 71, 87, 94, 96
Taxi 93
Teckel 146, 148, 156, 248, 250, 252, 286
Terre-neuve 15, 100, 102, 156, 230, 284
Terrier
- australien (australian terrier) 259, 286
- de Norwich (norwich terrier) 257, 286
- écossais (scottish terrier) 258, 286
- gallois (welsh terrier) 221, 286
- tibétain 178, 293
Tervueren 171, 282
Tests 24 à 29
Tique 75
Toilette 34
Toiletteur 68, 131
Tonte 67
Train 92
Transports en commun 93
Tremblement de terre 110
Trottoir 37, 41, 52, 122
Truffe 21, 74, 104, 156, 174, 176, 196

V

Vacances 12, 32, 86, 94, 96
Vaccins 17, 18, 22, 42, 70, 75, 87, 90, 94, 96
Vers 63, 65
Vétérinaire 12, 36, 56, 61 à 81, 86, 96, 103
Vipère 74
Visiteurs 52
Vitesse 140, 142, 152, 156, 264
Voiture 84
Voyage 84 à 97

W - X - Y

West-highland-white-terrier 258, 286
Whippet 140, 143, 295
Xoloizcuintle 268, 294
Yorkshire-terrier 254, 256, 258, 286

Crédit photographique

Toutes les photographies sont de :

sauf :

Dominique Chauvet/Milan : p. de garde, p. 29 (bd), p. 41(m), p. 48/49, p. 50/51, p. 56 (m), p. 65 (md), p. 66/67, p. 70/71 (mh), p. 94 (hd) ;

P. Terrancle/Milan : p. 126/127 (fond) ;

Dumas/Images Toulouse : p. 92 (hd), p. 93 (bd) ;

Dast/Images Toulouse : p. 92 (bg) ;

Carcanague/Images Toulouse : p. 92 (fond bg) ;

Vieussens/Images Toulouse : p. 93 (hd).